# 人工智能基础与实践

（高中版）

ARTIFICIAL INTELLIGENCE

主编　梁宗旗

副主编　张东晓　李青岩　谢加良　黄　勇

电子工业出版社
Publishing House of Electronics Industry
北京·BEIJING

## 内 容 简 介

第一章，我们企图用非常有限的篇幅，让学生了解人工智能的发展历史，现实意义和未来的广阔应用；第二章，介绍 Python 语言基础；第三章，重点介绍几种简单常用的智能计算方法；第四章，介绍经典机器，学习编程方法和技巧；第五章，介绍深度学习技术。除介绍算法基础外，第二至第五章都有案例分析和程序实现及代码。

未经许可，不得以任何方式复制或抄袭本书之部分或全部内容。
版权所有，侵权必究。

图书在版编目（CIP）数据

人工智能基础与实践：高中版 / 梁宗旗主编. —北京：电子工业出版社，2022.2
（科技启智）
ISBN 978-7-121-42916-3

Ⅰ. ①人… Ⅱ. ①梁… Ⅲ. ①人工智能－高中－教学参考资料 Ⅳ. ①G634.673

中国版本图书馆 CIP 数据核字（2022）第 025401 号

责任编辑：毕军志　　文字编辑：宋昕晔
印　　刷：天津嘉恒印务有限公司
装　　订：天津嘉恒印务有限公司
出版发行：电子工业出版社
　　　　　北京市海淀区万寿路 173 信箱　邮编 100036
开　　本：787×1 092　1/16　印张：10.75　字数：206.4 千字
版　　次：2022 年 2 月第 1 版
印　　次：2022 年 2 月第 1 次印刷
定　　价：44.80 元

凡所购买电子工业出版社图书有缺损问题，请向购买书店调换。若书店售缺，请与本社发行部联系，联系及邮购电话：（010）88254888，88258888。
质量投诉请发邮件至 zlts@phei.com.cn，盗版侵权举报请发邮件至 dbqq@phei.com.cn。
本书咨询联系方式：（010）88254416。

# 前言

当前，在云计算、大数据、物联网、互联网、智能识别、人脸识别等新技术、新理念快速发展和经济社会需求的双重驱动下，信息技术疾步迈入智能化阶段。人工智能（Artifical Intelligence）作为第四次工业革命的主要驱动力之一，迅速崛起并深刻影响着我们的思维方式、世界观和生活方式。最为典型的人工智能应用的例子就是AlphaGo系列。2015年，AlphaGo 4:1战胜了当时围棋世界排名第一的李世石九段；2016年，AlphaGo Master战胜中国围棋顶级选手柯洁，并完胜所有的世界顶级围棋选手，无一败绩。AlphaGo Zero在没有学习人类的任何围棋残局和经验下，从零开始学习围棋，自我学习，自我对弈，仅用7天时间就打败了学习过人类经验的AlphaGo Master，40天之后全球无敌手。人类两千年围棋经验变得"一文不值"，这对人类的自尊、自信是一个巨大的动摇。谷歌的无人驾驶汽车Tesla仅用几分钟时间就可以学习完人类所有的驾驶经验，显示了超强的学习能力，图像识别、自然语言识别技术、智能机器人、智能客服等已经广泛地应用到我们生活的每一个角落。现实生活中AI技术的发展听起来像科幻电影，而科幻电影则更像是另一种画面感十足的现实场景。

2017年1月16日，教育部印发了《普通高中课程方案和语文等学科课程标准（2017年版）》，在高中信息技术课程中加入了数据结构、人工智能、开源硬件等AI相关课程。人工智能教育"下沉"到中学，成为一种趋势。过去或现有中小学也包含科学、信息技术等课程，但课程单一，未形成一套完善的体系，涉及的内容也比较简单，考核标准不够清晰。学校内大多开展的还是STEAM（科学、技术、工程、艺术及数学）创新教育，专门的编程教学仍以课外培训机构提供为主。一方面中学基础教育远远滞后于日新月异的人工智能发展速度，另一方面中学阶段的人工智能教材严重缺乏，无法满足基础教育提升和素质教育的要求和需求。

实际上，我们较早就意识到人工智能在中学阶段普及教育的重要意义。作为高校教师，我们较早开始在中学基础教育阶段开展人工智能教育的实践和普及工作，于 2018 年 2 月在集美大学附属中学（厦门市集美区乐安中学）成立了福建省第一家"青少年人工智能实验室"，大学教授和博士直接进入中学课堂，定期给学生开设人工智能讲座、科技竞赛、信息技术课程、人工智能课程、编程课程等，充分利用高校在技术前沿以及师资方面的优势，组建了由大学教授、博士和中学教师组成的人工智能教材编写小组，在大量针对中学生的讲座、编程训练、上机指导等环节中，通过对每一个讲义内容的完善、教材的草稿编写、实验内容的选择、学生们的意见反馈的收集等多方面进行了认真详细的选择、修正和整理，参考国内外出版的一些有关人工智能的教材和讲义，汲取适合中学阶段学习的内容，编写了这本教材。

  编写该教材的主旨，就是在基本上不涉及高等数学及其相关知识的情况下，阐明人工智能的基本原理，希望中学生通过学习了解人工智能的过去、现在和未来；能掌握编程语言的基本流程；培养中学生的动手能力和实践能力，以及发现问题、分析问题并解决问题的能力。进一步提升中学生的信息技术素养，使中学教育与最前沿的信息技术发展接轨，同时高等教育服务中学教育，服务于社会，合作共赢。

  由于人工智能的内容十分丰富和广泛，它和知识表示、机器感知、机器思维、模式识别、机器学习、深度学习、大数据等紧密相连，各种研究方法和结论不断涌现，同时人工智能的发展日新月异，本身也在不断完善中，限于作者现有水平和能力，本书的不妥之处在所难免，敬请读者给予批评和指正。

梁宗旗<br>
2022 年春于厦门

# 目录

第一章 人工智能概论 ················································· 1
  1.1 引言 ························································ 2
    1.1.1 人工智能是什么 ····································· 2
    1.1.2 人工智能的两位奠基人 ····························· 3
    1.1.3 达特茅斯会议 ······································· 9
    1.1.4 人工智能发展的历程 ······························· 10
    1.1.5 关键事件 ············································ 13
  1.2 身边的人工智能 ········································· 15
    1.2.1 下棋高手 ············································ 15
    1.2.2 自动驾驶 ············································ 18
    1.2.3 机器翻译 ············································ 20
    1.2.4 图像识别 ············································ 21
    1.2.5 智能回答 ············································ 24
    1.2.6 目标检测 ············································ 26
  1.3 人工智能的发展趋势 ···································· 29

第二章 Python 语言基础 ··········································· 31
  2.1 Python 概述 ············································· 32
    2.1.1 Python 语言简介 ··································· 32
    2.1.2 Python 开发环境搭建 ······························ 33
  2.2 Python 基础语法及运算符 ······························ 38
    2.2.1 基础语法 ············································ 38

- 2.2.2 变量 …… 40
- 2.2.3 运算符 …… 40
- 2.3 控制结构 …… 42
  - 2.3.1 顺序结构 …… 42
  - 2.3.2 分支结构 …… 42
  - 2.3.3 循环结构 …… 43
- 2.4 数据结构 …… 46
  - 2.4.1 字符串 …… 46
  - 2.4.2 列表 …… 48
  - 2.4.3 元组 …… 50
  - 2.4.4 字典 …… 50
- 2.5 函数的设计与调用 …… 51
  - 2.5.1 函数的定义与调用 …… 51
  - 2.5.2 常用函数 …… 53
  - 2.5.3 标准库与扩展库对象的导入和使用 …… 55

## 第三章 智能计算方法 …… 57

- 3.1 暴力搜索算法 …… 58
  - 3.1.1 暴力搜索算法的原理 …… 58
  - 3.1.2 暴力搜索算法的优点和缺点 …… 60
- 3.2 爬山算法 …… 63
  - 3.2.1 爬山算法的原理 …… 64
  - 3.2.2 爬山算法的优点和缺点 …… 64
- 3.3 模拟退火算法 …… 68
  - 3.3.1 模拟退火算法的原理 …… 69
  - 3.3.2 模拟退火算法的优点和缺点 …… 70
- 3.4 遗传算法 …… 75
  - 3.4.1 遗传算法的原理 …… 75

|  |  |  |
|---|---|---|
| | 3.4.2 遗传算法的优点和缺点 | 78 |
| **第四章** | **经典机器学习** | **85** |
| 4.1 | 小明识数 | 86 |
| 4.2 | 机器识数：K最近邻分类算法 | 88 |
| | 4.2.1 K最近邻分类算法的原理 | 88 |
| | 4.2.2 KNN算法的基本步骤 | 89 |
| | 4.2.3 $k$值对结果的影响 | 90 |
| | 4.2.4 使用KNN算法预测样本的步骤 | 92 |
| 4.3 | 支持向量机分类 | 100 |
| | 4.3.1 多类分类问题转化为二分类问题 | 100 |
| | 4.3.2 支持向量机 | 103 |
| 4.4 | 机器学习的实用技巧 | 111 |
| | 4.4.1 特征工程 | 111 |
| | 4.4.2 数据标准化 | 118 |
| | 4.4.3 超参数搜索 | 120 |
| | 4.4.4 模型验证 | 121 |
| 4.5 | 无监督学习 | 124 |
| | 4.5.1 聚类 | 124 |
| | 4.5.2 降维 | 125 |
| **第五章** | **深度学习技术** | **137** |
| 5.1 | 人工神经网络 | 138 |
| | 5.1.1 神经元模型 | 139 |
| | 5.1.2 前馈神经网络 | 139 |
| 5.2 | 卷积神经网络 | 146 |
| | 5.2.1 卷积层 | 146 |
| | 5.2.2 池化层 | 147 |
| | 5.2.3 典型的卷积网络结构 | 148 |

VII

| | | |
|---|---|---|
| 5.3 | 循环神经网络 | 153 |
| | 5.3.1 循环神经网络的结构 | 154 |
| | 5.3.2 基础循环神经网络的局限 | 155 |
| | 5.3.3 长短期记忆网络 | 155 |
| | 5.3.4 门控循环单元网络 | 156 |
| 5.4 | 小结 | 162 |

参考文献 ······ 163
使用说明 ······ 164

# 第一章

# 人工智能概论

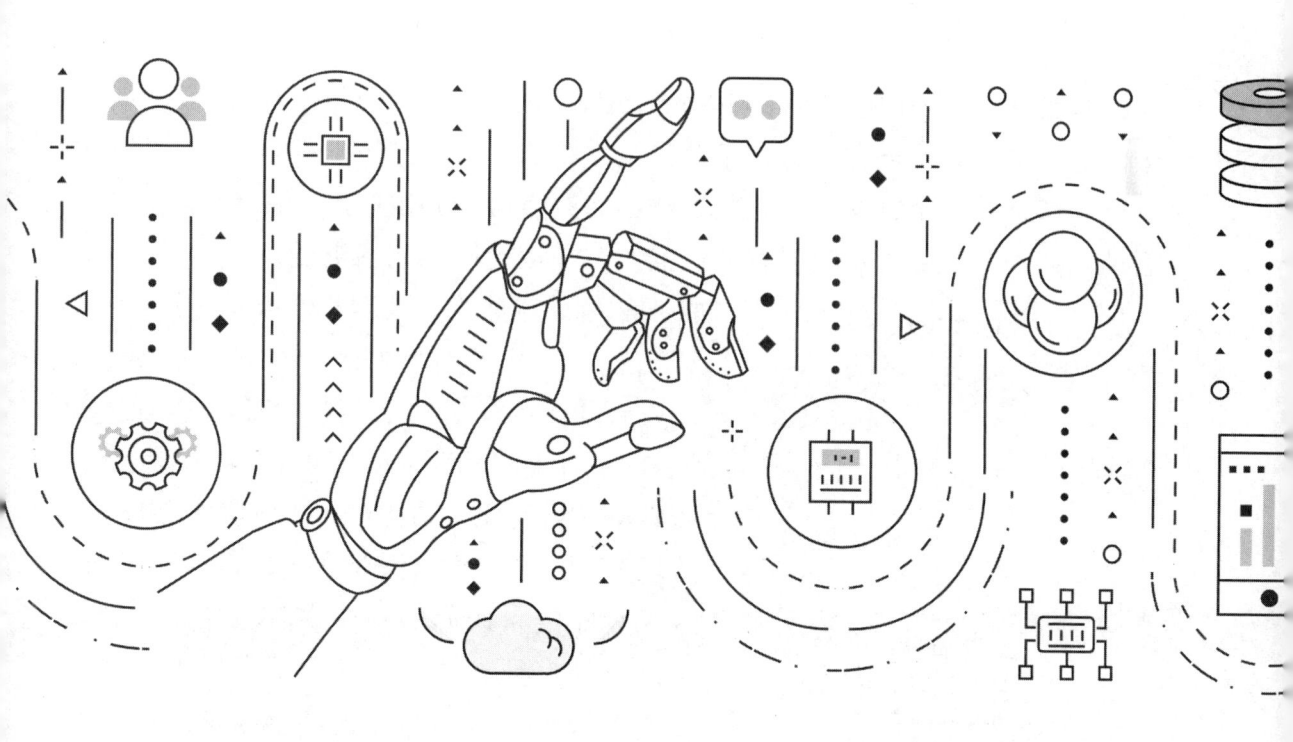

## 1.1 引言

什么是人工智能？为什么人工智能是当今社会最热络的话题，成为当今科技公司公关的战场、网络媒体吸睛的风口，受到政府极大重视和金融投资界的追捧？为什么受到如此多的关注和溺爱？人工智能目前的研究处于什么阶段？发展前景如何？这些都是人们普遍关注的问题。人工智能涵盖的学科和技术面非常广，要在短时间内全面认识、理解人工智能，即使对于业内专业研究人员来说，也是一件十分困难的任务。人工智能是一个非常重要和复杂的领域，其发展得益于信息化技术，是新一轮科技革命和产业变革的前沿领域，是培育新动能的重要方向，也是第四次工业革命最重要的方向之一。

### 1.1.1 人工智能是什么

人工智能（Artificial Intelligence，AI），是研究、开发用于模拟、延伸和扩展人的智能的理论、方法、技术及应用系统的一门新的技术科学。人工智能是计算机科学的一个分支，它企图了解智能的实质，并生产出一种新的能以人类智能相似的方式做出反应的智能机器，该领域的研究包括机器人、语言识别、图像识别、自然语言处理和专家系统等。人工智能是一门极富挑战性的科学，从事这项工作的人必须懂得计算机、心理学和哲学的相关知识。除了计算机科学，人工智能还涉及信息论、控制论、自动化、仿生学、生物学、心理学、数理逻辑、语言学、医学和哲学等多门学科。人工智能学科研究的主要内容包括：知识表示、自动推理和搜索方法、机器学习和知识获取、知识处理系统、自然语言理解、计算机视觉、智能机器人和自动程序设计等方面。人工智能的简单模型如图1-1所示。

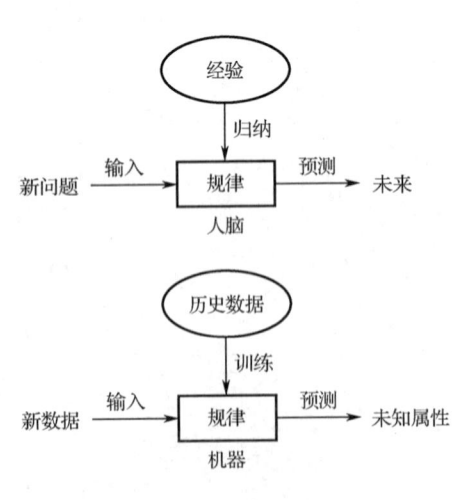

图 1-1 人工智能的简单模型

## 1.1.2 人工智能的两位奠基人

### 1. 图灵

艾伦·麦席森·图灵（Alan Mathison Turing，1912—1954），英国数学家、逻辑学家，被称为计算机科学之父、人工智能之父，如图 1-2 所示。图灵是计算机逻辑的奠基者，许多人工智能的重要方法源于他的思想，他对计算机的重要贡献在于他提出的有限状态自动机，也就是图灵机的概念。对于人工智能，他提出了重要的衡量标准"图灵测试"，如果有机器能够通过图灵测试，那它就是一个完全意义上的智能机器，与人无异。他杰出的贡献使他成为计算机界的第一人。人们为了纪念这位伟大的科学家，将计算机界的最高奖命名为"图灵奖"。

图 1-2 图灵

图灵很小的时候就表现出了与众不同的天分，他在三四岁的时候自己学会了阅读，读的第一本书是《每个儿童都该知道的自然奇观》。他特别喜欢数字和智力游戏，并为之着迷。到了 6 岁正式读书后，校长和老师都注意到这个特殊的小孩。8 岁时，他写下了自己的第一篇"科学"短文，题目叫《说说显微镜》。

图灵从小喜欢体育运动，尤其酷爱足球，可是在和小朋友们踢足球的时候，他并不热衷于上场，而是更喜欢在场外担任巡边，为的是能有机会观察、估算每次足球飞出边界的角度，他从中获得了极大的乐趣，乐趣就在于能够一眼看出问题的答案。图灵 16 岁就能看懂爱因斯坦的相对论，并且运用其深奥的理论，独立推导力学定律。

上中学时，图灵在科学方面的才能就已经显示出来，但其才能仅仅限于非文科的学科上，他的导师希望这位聪明的孩子也能够在历史和文学上有所成就，但是都没有太大的建树。少年图灵感兴趣的是数学等学科，在加拿大他开始了他的职业数学生涯，在大学期间他对前人现成的理论并不感兴趣，什么实验都要亲自来做。大学毕业后，他前往美国普林斯顿大学，也正是在那里，他制造出了"图灵机"。

1931 年，图灵考入英国剑桥大学国王学院，他的数学能力得到了充分的发展。1935 年，他的第一篇数学论文《左右殆周期性的等价》发表于《伦敦数学会杂志》。同一年，他还写出《论高斯误差函数》一文，这一论文使他由一名大学生直接当选为国王学院的研究员，并于次年荣获英国著名的史密斯（Smith）数学奖，成为国王学院声名显赫的毕业生之一。剑桥大学国王学院的计算机大楼现在以图灵命名，如图 1-3 所示。

图 1-3 国王学院计算机大楼

1936 年 5 月，图灵写出了表述他最重要的数学成果的论文《论可计算数及其在判定问题中的应用》，该论文于 1936 年在《伦敦数学会文集》第 42 期上发表后，立即引起了广泛的注意。1936 年 9 月，图灵应邀到美国普林斯顿高级研究院学习，并与丘奇（Church）一同工作。在美国期间，他对群论做了一些研究，并撰写了博士论文。1937 年，图灵发表的另一篇文章《可计算性与 λ 可定义性》则拓广了丘奇提出的"丘奇论点"，形成"丘奇—图灵论点"，对计算理论的严格化，以及对计算机科学的形成和发展都具有奠基性的意义。1938 年，图灵在普林斯顿获得博士学位，其论文题目为《以序数为基础的逻辑系统》，并于 1939 年正式发表，该论文对数理逻辑研究产生了极甚深远的影响。

二战期间，图灵因出色的天赋被调入英国通信部工作。他开始运用专业技能破译德国密码，这在当时十分不易，因为德国人开发出一种用于计算的机器称为 Enigma，它能够定期改变密码，让破译者根本摸不到头绪。在通信部工作的时候，图灵和同事们一起使用一台名为 COLOSSUS 的设备，设计出一台名为"炸弹"的新机器，并破译了德国的密码，使盟军能精确预测德国 U 型潜艇的位置，从而使盟军的舰艇可以完好无损地穿越海洋，英国将领能清楚地知道

敌人的整个作战计划。艾森豪威尔将军称赞："图灵将战争缩短了两年，如果没有图灵天才的头脑，我们可能根本赢不了这场战争。"1945年二战结束，图灵复员，随后被英国国家物理实验室聘为高级研究员，于是他又回到出生地伦敦专心研究计算机理论。1945至1948年，图灵在国家物理实验室，负责研究自动计算引擎（Automatic Computing Engine，ACE）。1946年，图灵获得"OBE"奖项，即"不列颠帝国勋章"，那是英国皇室给予为国家和人民做出巨大贡献、立下大功的人士的荣誉。1947至1948年，图灵主要从事计算机程序理论的研究，并同时在神经网络和人工智能领域做出开创性的理论研究。1949年，他成为曼彻斯特大学计算机实验室的副主任，负责最早的真正的计算机——曼彻斯特一号的软件研发工作，成为世界上第一位把计算机实际用于数学研究的科学家。1950年，图灵提出了著名的"图灵测试"，同年10月，他又发表了另一篇题为《机器能思考吗？》的论文，成为划时代之作。也正是这篇文章，为图灵赢得了"人工智能之父"的桂冠。在曼彻斯特大学，有一座图灵的雕像，如图1-4所示。

图1-4　图灵的雕像

1951年，图灵从事生物的非线性理论研究。39岁时，他被英国皇家学会选为会员，成为他的家族中的第四位皇家学会会员。1952年，图灵编写了一个国际象棋程序，后来美国新墨西哥州洛斯阿拉莫斯国家实验室的研究人员根据图灵的程序，在MANIAC上设计出世界上第一个可以玩完整国际象棋游戏的计算机程序。

图灵是计算机逻辑的奠基者，许多人工智能的重要方法也源自他的研究。1950年，图灵被录用为泰丁顿（Teddington）国家物理研究所的研究人员，开始从事"自动计算机"（ACE）的逻辑设计和具体研制工作。他提出关于机器思维的问题，他的论文《计算机和智能》（Computing Machinery and Intelligence），引起了广泛的注意，并对计算机算法和人工智能产生了深远的影响。

为了纪念他对计算机科学的巨大贡献，由美国计算机协会（ACM）于1966年设立一年一度的图灵奖，以表彰在计算机科学中做出突出贡献的人，图灵奖被喻为"计算机界的诺贝尔奖"。

## 2. 维纳

图 1-5 维纳

维纳（Norbert Wiener，1894—1964）是美国数学家，也是控制论的创始人，如图 1-5 所示。维纳在其多年的科学生涯中，先后涉足哲学、数学、物理学和工程学，最后转向生物学，在各个领域中都取得了丰硕成果。恩格斯称维纳为二十世纪多才多艺和学识渊博的科学巨人。他一生发表论文 240 多篇，著作 14 本。他的主要著作有《控制论》（1948）、《维纳选集》（1964）和《维纳数学论文集》（1980）。维纳还有两本自传《昔日神童》和《我是一个数学家》。

维纳是一个名副其实的神童。维纳的父亲列奥很早就发现了儿子的天赋，坚信环境对于教育的重要性，并实施教育计划，用一种看似无情的方式驱使他不寻常的儿子。

维纳三岁半开始读书，生物学和天文学的初级科学读物就成了他在科学方面的启蒙书籍。从此，他手不释卷地埋头于五花八门的科学读本。七岁时，他开始深入物理学和生物学的领域，甚至超出了他父亲的知识范围（维纳的父亲列奥·维纳是哈佛大学斯拉夫语教授，并有很高的数学天赋）。从达尔文的进化论、金斯利的《自然史》到夏尔科、雅内的精神病学著作，从儒勒·凡尔纳的科学幻想小说到十八至十九世纪的文学名著，等等，维纳几乎无所不读。

维纳怀有强烈的好奇心，而他父亲却以系统教育为座右铭，两者正好相得益彰。维纳自己学习科学，而他父亲则用严厉的态度坚持以数学和语言学作为教学计划的核心。维纳极好地经受了这种严格的训练，他不仅数学长进显著，而且博学多才。

维纳兴趣广泛，在大学第一年的学习期间，物理和化学给他的影响远比数学深刻和长远。他尤其对实验兴致勃勃，与同学一起做过许多电机工程的实验。他曾试图用实验证实两个物理学方面的想法：一个设想是制作供无线电通信用的电磁粉末检波器，另一个设想是制作一种静电变压器。大学二年级，维纳又被哲学和心理学所吸引，他读过的哲学著作大大超出了该课程的要求。斯宾诺莎和莱布尼茨是对他影响最大的两位哲学家，前者崇高的伦理道德和后者的多才多艺，都使维纳倾倒。在同一年，维纳又把兴趣集中到生物学上，生物学博

物馆和实验室成了最吸引他的地方，动物饲养室的管理员成了他特别亲密的朋友。维纳不仅乐于采集生物标本，还经常把大部分时间用在实验室的图书馆，在那里阅读著名的生物学家贝特森等人的著作。

维纳用了三年时间读完了大学课程，于 1909 年春毕业，之后便开始攻读哈佛大学研究院生物学博士学位。维纳改学生物，并不是因为他知道自己能够干这一行，而是因为他想干这一行。从童年开始，他就渴望成为一名生物学家，但是，维纳的实验工作不幸失败了，他动手能力差，缺乏从事细致工作所必需的技巧和耐心，深度近视更增添了麻烦。

维纳在大学接受了跨学科教育，促使他的才能横向发展，为将来在众多领域之间，在各种交界面上进行大量的开发和移植奠定了基础。从数学到生物学再到哲学，实际上就是维纳整个科学生涯所经历的道路。

在哈佛的最后一年，维纳向学校申请了旅行奖学金并获得了批准。他先后留学于英国剑桥大学和德国哥廷根大学，在罗素、哈代、希尔伯特等著名数学家的指导下研究逻辑和数学。罗素是维纳的良师益友，维纳向他学习数理逻辑和科学与数学哲学，并从这位大师身上获得了许多深挚的教益。他的哲学课程和数学原理课富有启发性，使维纳感到很新鲜，罗素的讲授清晰晓畅，犹如无与伦比的杰作，给了他深刻的印象。

1913 年，19 岁的维纳在《剑桥哲学学会会刊》上发表了一篇关于集合论的论文。这是一篇将关系的理论简化为类的理论的论文，在数理逻辑的发展中占据一席之地，维纳从此步入学术生涯。同年，他以一篇带有怀疑论思想的哲学论文《至善》，获得哈佛大学授予的鲍多因奖。在转向数学函数分析领域之前，维纳在逻辑和哲学方面共发表了 15 篇论文。

1918 年，通过研读一位病逝的数学博士格林遗留的数学著作，维纳对现代数学有了进一步理解，他开始在数学领域寻找值得专心致力的问题。

维纳虽是神童，但作为一名数学家，他却姗姗来迟。1919 年，辛辛那提大学的年轻数学家巴纳特拜访了维纳，维纳请他推荐一个合适的研究课题，巴纳特建议维纳关注函数空间中积分问题的研究，这一建议对维纳以后的数学研究产生了重大影响，从此维纳被奇妙的函数空间分析深深吸引，并决心把自己的一生贡献给它。同年，由于哈佛大学数学系主任奥斯古德的推荐，维纳到麻省理工学院数学系任教，并一直在该学院工作到退休。

1920 年，维纳首次参加国际数学家会议。大会前，应弗雷歇邀请，他俩共同工作了一段时间。维纳试图推广弗雷歇的工作,提出了巴拿赫—维纳空间理论。他意识到自己关于布朗运动所做的工作是一个很有希望的开端,因而精神更加振奋,胸襟更加开阔。1924年,维纳升任助理教授,1929年升为副教授,由于在广义调和分析和关于陶伯定理方面的杰出成就,1932年维纳晋升为正教授。

1933年,由于有关陶伯定理的工作,维纳与莫尔斯共同获得了美国数学学会五年一次的博赫尔奖,同时,他当选为美国科学院院士。在他了解了这个高级科学官员组织的性质之后感到十分厌烦,不久便辞去了自己的职务。

通常给予取得成功的美国数学家的荣誉之一,就是要求他为美国数学学会《讨论会丛书》写一本书。1934年夏,维纳应邀撰写了《复域上的傅里叶变换》,不久,他当选为美国数学学会副会长,因为他不喜欢担任行政职务,才免于被选作会长。

20世纪30年代开始,维纳关注模拟计算机的研究。1935年至1936年,他应邀到中国做访问教授,在清华大学与李郁荣合作,研究并设计出电子滤波器,获得了该项发明的专利权。维纳把他在中国的这一年作为自己学术生涯中一个特定的里程碑,即作为科学界一个刚满师的工匠和在某种程度上成为这一行一个独当一面的师傅的分界点。

在第二次世界大战期间,维纳接受了一项与火力控制有关的研究工作。这项研究促使他深入探索用机器来模拟人脑的计算功能,建立预测理论并应用于防空火力控制系统的预测装置。1948年,维纳发表了《控制论》,宣告这门新兴学科的诞生。这是他长期艰苦努力并与生理学家罗森勃吕特等人多方面合作的伟大科学成果。由于该项成果,维纳立即从声誉有限的数学家一跃成为国际知名人士,此时他早已年过半百,此后,维纳继续为控制论的发展和运用做出杰出的贡献。

1959年,维纳从麻省理工学院退休。1964年1月,他由于"在纯粹数学和应用数学方面并且勇于深入到工程和生物科学中去的多种令人惊异的贡献,以及在这些领域中具有深远意义的开创性工作"荣获美国总统授予的国家科学勋章。

维纳是伽金汉基金会旅欧研究员,富布赖特研究员,英、德、法等国的数学会会员,担任过中国、印度、荷兰等国的访问教授。维纳是天生的学者,集德国人的思想、犹太人的智慧和美国人的精神于一身。几乎是"神"一样的存在,但这位"神"的成功得益于他兴趣广泛,博学多才,更得益于他的刻苦钻研和思考。

## 1.1.3 达特茅斯会议

1956 年 8 月,正值盛夏时节,在美国汉诺斯小镇宁静的达特茅斯学院中,一批各领域的专家主要包括:约翰·麦卡锡(John McCarthy、达特茅斯学院数学教授)、马文·闵斯基(Marvin Minsky,人工智能与认知学专家)、克劳德·香农(Claude Shannon,信息论的创始人)、雷·所罗门诺夫(Ray Solomonoff,机器学习的先驱)、艾伦·纽厄尔(Allen Newell,计算机科学家)、赫伯特·西蒙(Herbert Simon,诺贝尔经济学奖得主)、亚瑟·塞缪尔(Arthur Samuel,机器学习之父)、塞弗里奇(Oliver Selfridge,模式识别创始人)、纳塞尼尔·罗彻斯特(Nathaniel Rochester,IBM 第一代通用计算机 701 主设计师)、查德·摩尔(Trenchard More,达特茅斯教授)聚在一起讨论一个话题:如何用机器模仿人类学习及其他方面的智能。如图 1-6 为达特茅斯学院,图 1-7 为人工智能创始人名单。

图 1-6 达特茅斯学院

会议足足开了两个月的时间,也没有就这一话题达成一致意见,但是他们为讨论的议题起了一个响当当的名字——人工智能(Artificial Intelligence)。会议提出的断言之一是"学习或者智能的任何其他特性的每一个方面都应能被精确地加以描述,使得机器可以对其进行模拟"。本次会议最为重要的是,他们罗列出人工智能需要和计划研究的七个领域:自动计算机(可编程计算机)、编程语言、神经网络、计算规模的理论(theory of size of a calculation,也称为计算复杂性)、自我改进(机器学习的前身)、抽象、随机性和创见性。这七个领域确定和预测了未来人工智能发展的方向。

约翰·麦卡锡　马文·闵斯基　克劳德·香农　雷·所罗门诺夫　艾伦·纽厄尔

赫伯特·西蒙　亚瑟·塞缪尔　塞弗里奇　纳塞尼尔·罗彻斯特　查德·摩尔

图1-7　人工智能创始人名单

之后塞弗里奇发表了一篇模式识别的文章，而纽厄尔则研究了计算机下棋，他们分别代表两派的观点。神经网络的鼻祖之一皮茨（Walter Pitts）最后总结时说："一派人企图模拟神经系统，而纽厄尔则企图模拟心智（mind）……但殊途同归。"这预示了人工智能随后几十年关于"结构与功能"两条路线的争论。

1956年被公认为是人工智能的元年。

关于达特茅斯会议更详细的资料可阅读尼克撰写的《人工智能简史》。

## 1.1.4　人工智能发展的历程

一个事物从出现到发展，总会经历各种各样的困难，所谓"不经历风雨，怎么见彩虹"。总结起来，人工智能从20世纪50年代出现，发展至今，经过了五个阶段。

第一阶段：50年代至60年代中期，人工智能的兴起和冷落。1956年，在美国达特茅斯学院举办的一次会议上，计算机科学家约翰·麦卡锡提出了"人工智能"一词，标志着人工智能这门学科的诞生，随后相继出现了一批显著的成果，例如，机器定理证明、跳棋程序、通用程序、LISP表处理语言，等等。人工智能发展初期的突破性进展大大提升了人们对人工智能的期望，但由于消解法推理能力的局限性，以及机器翻译的失败等，人工智能走入低谷。这一阶段的特点：重视问题求解的方法，忽视知识的重要性。

第二阶段：60年代末至80年代初，专家系统的出现使人工智能研究出现了新高潮。DENDRAL 化学质谱分析系统、MYCIN 疾病诊断和治疗系统、PROSPECTIOR 探矿系统、Hearsay-II 语音理解系统等专家系统的研究和开发，将人工智能引向了实用化和应用期，推动人工智能走入应用发展的新高潮。例如，1969年成立了国际人工智能联合会议。随着第五代计算机的研制，人工智能得到了较大发展。1982年，日本开始实施"第五代计算机研制计划"，即"知识信息处理计算机系统 KIPS"，其目的是使逻辑推理达到数值运算的速度。虽然此计划最终失败，但它的开展掀起了一股研究人工智能的热潮。

第三阶段：80年代末至90年代初，神经网络飞速发展。1987年，美国召开第一次神经网络国际会议，宣告了这一新学科的诞生。此后，各国在神经网络方面的投资逐渐增加，神经网络迅速发展起来。但专家系统存在应用领域狭窄、缺乏常识性知识、知识获取困难、推理方法单一、缺乏分布式功能和难以与现有数据库兼容等问题，导致相关科研经费大幅度缩减，人工智能相关研究再度步入长达十年的低迷期。

第四阶段：90年代中期至21世纪20年代初，人工智能出现了新的研究高潮。由于网络技术特别是国际互联网技术的发展，人工智能开始由单个智能主体研究转向基于网络环境下的分布式人工智能研究。该研究不仅基于同一目标的分布式问题求解，而且基于多个智能主体的多目标问题求解，使人工智能更面向实用。另外，由于 Hopfield 多层神经网络模型的提出，人工神经网络研究与应用呈现出欣欣向荣的景象，人工智能逐渐渗透到社会生活的各个领域。

第五阶段：2011年至今。大数据、云计算、互联网和物联网等信息技术的发展，泛在感知数据和图形处理器等计算平台推动以深度神经网络为代表的人工智能技术的飞速发展，尤其现代移动通信 4G、5G 的广泛普及和应用，使人工智能成为与人们日常生活息息相关的一项技术，并深刻改变着我们的社会、文化和生活。

人工智能也称"机器智能"，它是在计算机科学、控制论、信息论、心理学、语言学等多种学科相互渗透的基础上发展起来的一门新兴边缘学科，主要研究用机器（主要是计算机）来模仿和实现人类的智能行为。经过几十年的发展，人工智能应用在不少领域得到延伸和拓展，在我们的日常生活和学习当中也有许多地方得到了广泛而深远的应用。人工智能发展的历史过程是波浪式前进的，如图 1-8 所示。

# 人工智能基础与实践（高中版）

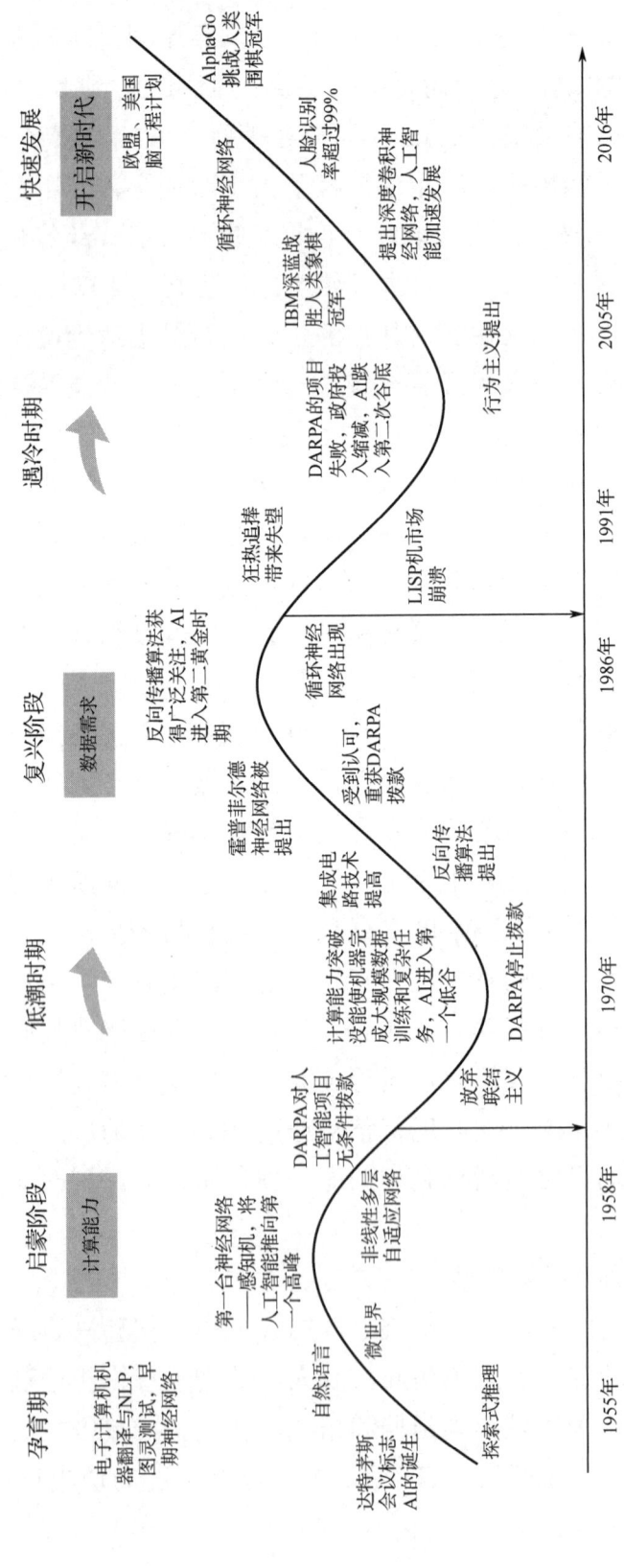

图 1-8 人工智能发展的历史过程（波浪式前进）

## 1.1.5 关键事件

1946年，全球第一台通用计算机ENIAC诞生。它最初是为美军作战研制的，每秒能完成5000次加法、400次乘法等运算。ENIAC为人工智能的研究提供了物质基础。

1950年，艾伦·图灵提出"图灵测试"。如果计算机能在5min内回答由人类测试者提出的一系列问题，且其超过30%的回答让测试者误认为是人类所答的，则通过测试并被认为具有人类智能。这篇《计算机器与智能》的论文预言了创造出具有真正智能的机器的可能性。

1956年，"人工智能"概念首次提出。在美国达特茅斯大学举行的一场为期两个月的讨论会上，"人工智能"概念首次被提出。

1959年，首台工业机器人诞生。美国发明家乔治·德沃尔与约瑟夫·英格伯格发明了首台工业机器人，该机器人可以借助计算机自动读取存储程序和信息，发出指令控制一台多自由度的机械，它的缺陷是对外界环境没有感知。

1964年，首台聊天机器人诞生。美国麻省理工学院AI实验室的约瑟夫·魏岑鲍姆教授开发了Eliza聊天机器人，实现了计算机与人通过文本来交流。这是人工智能研究的一个重要突破，遗憾的是，它只能用符合语法的方式将问题复述一遍。

1965年，专家系统首次亮相。美国科学家爱德华·费根鲍姆等研制出化学分析专家系统程序DENDRAL。它能够通过分析实验数据来判断未知化合物的分子结构。

1968年，首台人工智能机器人诞生。美国斯坦福研究所研发的机器人Shakey，能够自主感知、分析环境、规划行为并执行任务，可以感觉人的指令，发现并抓取积木。这种机器人初步拥有类似人的感觉，如触觉、听觉等。

1970年，能够分析语义、理解语言的系统诞生。美国斯坦福大学计算机教授T·维诺格拉德开发的人机对话系统SHRDLU，能分析指令、理解语义、解释不明确的句子，并通过操作虚拟方块来完成任务。由于它能够正确理解语言，被视为人工智能研究的一次巨大成功。

1976年，专家系统广泛使用。美国斯坦福大学肖特里夫等人发布的医疗咨询系统MYCIN，可用于诊断传染性血液病。这一时期还陆续研制出了用于生产制造、财务会计、金融等各领域的专家系统。

1980年，专家系统商业化。美国卡耐基·梅隆大学为DEC公司制造出XCON专家系统，帮助DEC公司每年节约4000万美元左右的费用，特别是在决策方面能提供有价值的内容。

1981年，启动第五代计算机项目研发。日本率先拨款支持信息技术领域的研究，目标是制造出能够与人对话、翻译语言、解释图像，并能像人一样推理的机器。随后，英美等国也开始为AI和信息技术领域的研究提供大量资金支持。

1984年，启动大百科全书（Cyc）项目。Cyc项目试图将人类拥有的所有一般性知识都输入计算机，建立了一个巨型数据库，并在此基础上实现知识推理，它的目标是让人工智能的应用能够以类似人类推理的方式工作，成为人工智能领域的一个全新研发方向。

1997年，IBM公司的国际象棋电脑"深蓝（Deep Blue）"战胜了国际象棋世界冠军加里·卡斯帕罗夫。它的运算速度为每秒2亿步棋，并存有70万份大师对战的棋局数据，可搜寻并估算随后的12步棋。

2011年，IBM开发的人工智能程序"沃森（Watson）"参加了一期智力问答节目，并战胜了两位顶级编程专家。沃森存储了2亿页数据，能够将与问题相关的关键词从看似相关的答案中抽取出来。这一人工智能程序已被IBM广泛应用于医疗诊断领域。

2016至2017年，AlphaGo战胜围棋冠军。AlphaGo是由谷歌DeepMind开发的人工智能围棋程序，具有自我学习能力。它能够搜集大量围棋对弈数据和名人棋谱，学习并模仿人类下棋。DeepMind现已进军医疗保健等领域。

2017年，深度学习大热。AlphaGoZero（第四代AlphaGo）在无任何数据输入的情况下，开始自学围棋，3天后便以100∶0横扫了第二版本的"旧狗"，学习40天后又战胜了在人类高手看来不可企及的第三版本"大师AlphaGo Master"。人工智能发展事件图如图1-9所示。

## 第一章 人工智能概论

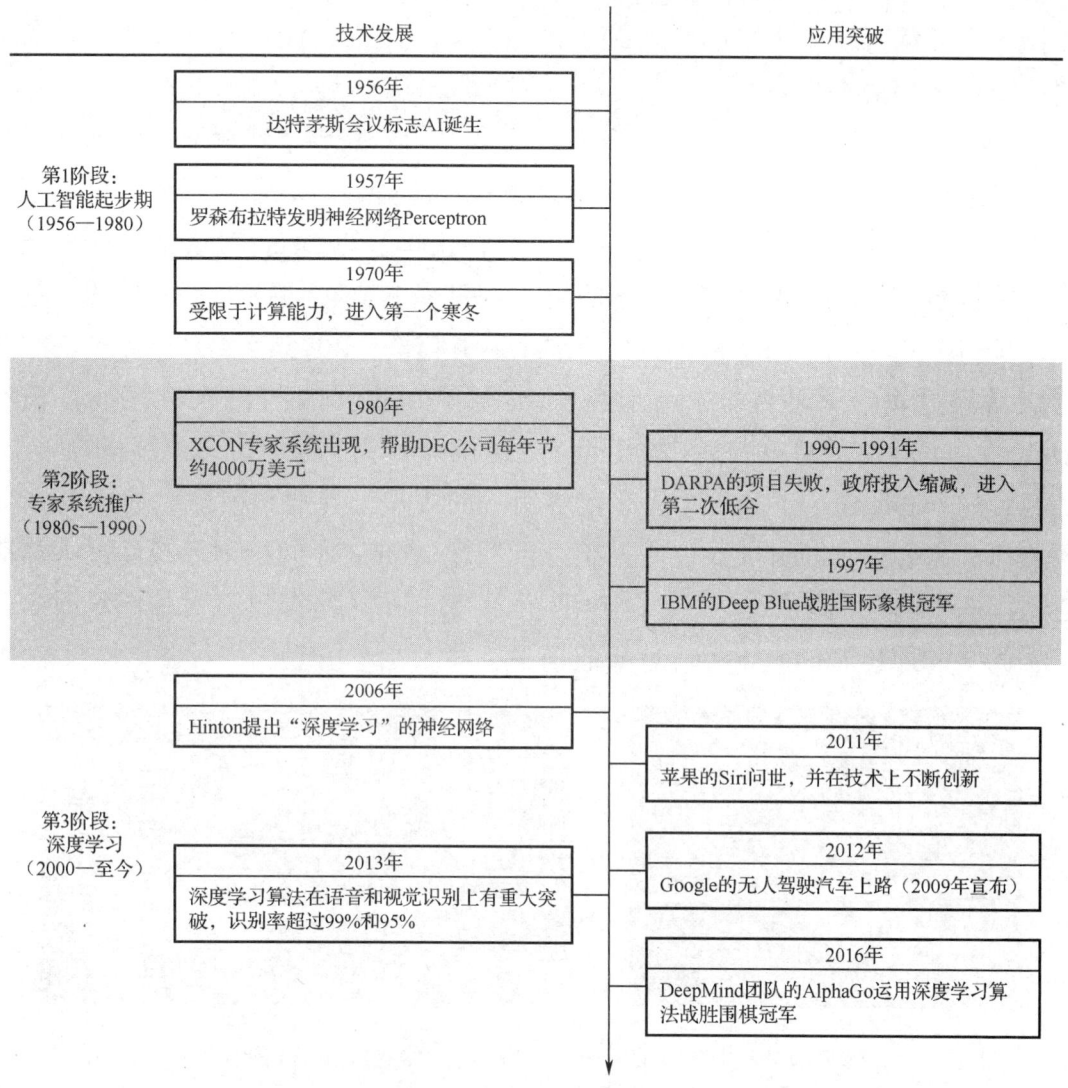

|  | 技术发展 | 应用突破 |
|---|---|---|

**第1阶段：人工智能起步期（1956—1980）**
- 1956年　达特茅斯会议标志AI诞生
- 1957年　罗森布拉特发明神经网络Perceptron
- 1970年　受限于计算能力，进入第一个寒冬

**第2阶段：专家系统推广（1980s—1990）**
- 1980年　XCON专家系统出现，帮助DEC公司每年节约4000万美元
- 1990—1991年　DARPA的项目失败，政府投入缩减，进入第二次低谷
- 1997年　IBM的Deep Blue战胜国际象棋冠军

**第3阶段：深度学习（2000—至今）**
- 2006年　Hinton提出"深度学习"的神经网络
- 2013年　深度学习算法在语音和视觉识别上有重大突破，识别率超过99%和95%
- 2011年　苹果的Siri问世，并在技术上不断创新
- 2012年　Google的无人驾驶汽车上路（2009年宣布）
- 2016年　DeepMind团队的AlphaGo运用深度学习算法战胜围棋冠军

图 1-9　人工智能发展事件图

# 1.2 身边的人工智能

## 1.2.1 下棋高手

现在的下棋软件层出不穷，象棋、围棋、五子棋、跳棋等各式各样。在软件中经常看到除联机对弈外，还有人机对弈，就是人和 AI 计算机进行比赛。

015

在棋类各界都有顶尖水平的职业选手，那么 AI 是否也能达到顶尖水平，甚至超过职业选手的水平呢？

1962 年，IBM 的计算机靠初级的"自我学习"战胜了跳棋高手，但在当时并未引起热潮。1997 年，IBM 的超级计算机"深蓝"击败了国际象棋世界冠军加里·卡斯帕罗夫，轰动世界。2014 年，谷歌旗下的 DeepMind 团队研发出人工智能围棋程序——AlphaGo，它的出现为世界围棋史话抹上了浓重的一笔。2015 年 10 月，AlphaGo 击败了欧洲围棋冠军樊麾。2016 年 3 月，AlphaGo 与围棋世界冠军、职业九段棋手李世石展开了划时代的围棋人机大战，最终 AlphaGo 以 4∶1 的总分获胜，震惊世界。2017 年 5 月，在中国乌镇围棋峰会上，升级版的 AlphaGo Master 与排名世界第一的围棋世界冠军柯洁对战，以 3∶0 的总比分完胜，使得围棋界公认人工智能程序 AlphaGo 的棋力已经超过人类职业围棋选手的顶尖水平。如图 1-10 所示为 AlphaGo 与李世石对战的场景。图 1-11 为 AlphaGo Mater 与柯洁对战的场景。

图 1-10　AlphaGo 与李世石对战 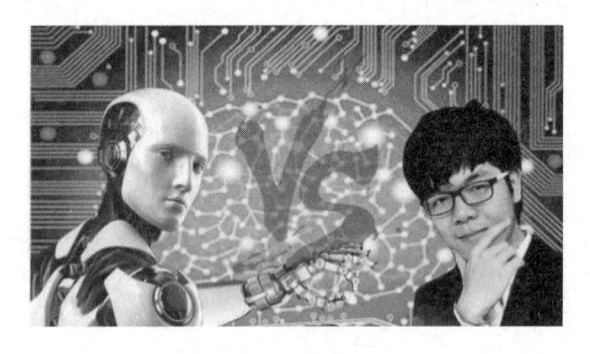　　　　图 1-11　AlphaGo Master 与柯洁对战

AlphaGo 如何实现将棋子落在对自己有利的位置上的呢？AlphaGo 通过监督学习的方式训练了一个策略网络，并用深度卷积神经网络来实现这一功能。DeepMind 团队从在线围棋对战平台 KGS 上获取了 16 万局人类棋手的对弈棋谱，棋谱展示了各种棋局如何落子的示例，这些示例可以作为训练样本。

DeepMind 团队采集了 3000 万个训练样本，每个样本记录着当前局面状态 $S$，以及人类的下一步落子状态 $a$，记为（$S$，$a$），将这 3000 万个训练样本放入监督学习的策略网络中进行训练，从而模拟人类棋手的风格进行落子。但因为 KGS 上棋手的水平高低不一，不是每个样本都是最好的落子方案，而且每个训练样本并不关心结局的输赢，因此这种训练的方式还远不足与职业棋手过招。

## 第一章 人工智能概论

为了进一步提高策略网络的棋力，AlphaGo 使用了强化学习的技术。通过强化学习技术，AlphaGo 可以通过自我对弈、左右互搏来提升自身棋力，从而变得更强。在强化学习中，主体将根据当前的策略不断发出动作去改变环境的状态，而环境将会根据状态的改变做出相应的回报，以表示当前的动作是否对环境有利。而主体在收到环境的回报后，将根据回报高低及时调整自己的策略，以期将来在新策略的指导下发出的动作能获得更高的回报。如此反复迭代，主体就可以根据环境的回报不断调整自己的策略，从而慢慢地向最佳策略靠近。对应到 AlphaGo 中，自我对弈的双方是当前最新版本的 AlphaGo 和随机选取的前几次迭代过程中的一版 AlphaGo，对弈结束后，记录下对局的结果作为回报，当前版本的 AlphaGo 最终获胜则反馈正的回报，反之则反馈负的回报，通过策略梯度技术来更新网络参数使回报最大化，从而提高对局胜率，提高棋力。

但是这样的方式还是不能与顶尖职业选手媲美，因为在这种策略网络中，只采取当前棋局作为样本，来做出落子判断，缺乏所谓的大局观，而顶尖的围棋高手在下棋时都会在心中推演棋局的发展，从而下在自己推演的局面中最有利的位置上。为了让 AlphaGo 也拥有推演的能力，DeepMind 团队在 AlphaGo 中引入了估值网络（value network）来增强 AlphaGo 对当前局面价值的判断力，同时引入了蒙特卡洛树搜索算法推演当前局面的发展，帮助 AlphaGo 找到更好的落子位置。

在训练估值网络时，DeepMind 团队发现人类棋谱已经无法得出很好的估值函数，因此在训练时，采用了之前自我对弈时生成的棋谱，同样产生 3000 万个样本，样本内容为 $(S, z)$，即局面 $S$ 下按照策略网络得到最终胜负情况 $z$。每个样本都来自不同的棋谱，以消除样本之间的相关性。虽然这样的落子效果较好，但是面对大量的样本，它的训练速度较慢，因此 DeepMind 团队采用了快速走子网络，这是一种轻量级的策略网络，虽然落子效果不如策略网络，但是速度却是策略网络的 1000 倍，这也为之后蒙特卡洛树搜索时可以快速模拟更多的未来落子的可能性，从而提高对棋局的评估能力。

蒙特卡洛树搜索算法是一种通过随机推演建立一棵搜索树的启发式搜索过程，也可以将其看成是某种意义上的强化学习算法。在围棋中，蒙特卡洛树搜索算法会从当前给出的棋局开始推演，分别随机模拟双方的落子，直到分出胜负，然后将获胜局回报为正，败局则回报为负，且提高胜者的落子方案分数，降低败者的落子方案分数，在之后遇到相同局面时选择胜者方案的概率就会增

加，通过不断重复，计算机将会试探出很多种未来的落子可能性，以及对应的胜负结果，好的落子方案分数也会不断提高，从而帮助计算机在当前局面下选择更有利于取胜的落子方案。

AlphaGo 在通过蒙特卡洛树搜索算法进行推演，并结合各个算法模块功能后，选择了在多次试探中当前局面访问次数最多（对应为分数及概率最高的路径的最初落子）的一个动作作为最终的落子方案。至此，AlphaGo 系统性地将策略网络、估值网络、快速走子网络整合到了蒙特卡洛树搜索算法中，博采众长，从而发挥出巨大的威力，最终战胜了顶尖的围棋高手，一战成名。

之后 DeepMind 团队继续推出了更强版的 AlphaGo Zero，它摒弃了人类棋谱的影响，完全通过自我博弈的强化学习算法来训练自己，并且在与 AlphaGo 的对弈中取得了 100∶0 的胜利。

DeepMind 最新推出 AlphaGo MuZero 终极版，MuZero 算法已经完全不需要提前把游戏规则编入算法，在不具备任何底层动态知识的情况下，它会一边学规则，一边训练，自我互博，一秒钟内可自我博弈上万盘。它不仅具有强大搜索和基于搜索的策略迭代算法，还将一个学习好的模型整合到了训练步骤中，其搜索算法更优，所需训练时间更少，对围棋的理解更深刻。AlphaGo MuZero 与 AlphaGo 下棋就如同世界重量级拳王泰森与刚出生的婴儿进行拳击比赛一样实力悬殊。在现实生活中有许多问题如股票、战场等并没有现成的规则，许多规则也都是随时改变甚至是完全随机的，这也是 MuZero 算法设计的目的和动机，该算法思想将会得到更广泛的应用和推广。

## 1.2.2　自动驾驶

自动驾驶通过自动驾驶系统，部分或完全地代替人类驾驶员，安全地驾驶汽车。汽车自动驾驶系统是一个涵盖了多个功能模块和多种技术的复杂软硬件结合的系统。在机器学习、大数据和人工智能技术大规模崛起之前，自动驾驶系统和其他的机器人系统类似，整体解决方案基本依赖于传统的优化技术。随着人工智能和机器学习在计算机视觉、自然语言处理及智能决策领域取得了重大突破，学术和工业界也逐步开始在无人车系统的各个模块中进行基于人工智能和机器学习的探索，目前已取得了部分成果。而自动驾驶系统作为代替人类驾驶的解决方案，其设计思路和解决方法背后都蕴含了很多对人类驾驶习惯和行为的理解。如图 1-12 所示，自动驾驶已经成为人工智能最具前景的应用之一。

图 1-12　自动驾驶

关于自动驾驶，在概念上业界有着明确的等级划分，主要有两套标准：一套是美国高速公路安全管理局制定的，一套是 SAE International（国际汽车工程师协会，原译美国汽车工程师协会）制定的。现在主要采用 SAE（Society of Automotive Engineers）分类标准。

0 级：人工驾驶，即无自动驾驶。由人类驾驶员全权操控汽车，可以得到警告或干预系统的辅助；

1 级：辅助驾驶，通过驾驶环境对方向盘和加减速中的一项操作提供驾驶支持，其他的驾驶动作都由人类驾驶员进行操作；

2 级：半自动驾驶，通过驾驶环境对方向盘和加减速中的多项操作提供驾驶支持，其他的驾驶动作都由人类驾驶员进行操作；

3 级：高度自动驾驶，或者称有条件自动驾驶，由自动驾驶系统完成所有的驾驶操作。根据系统要求，人类驾驶者需要在适当的时候提供应答；

4 级：超高度自动驾驶，由自动驾驶系统完成所有的驾驶操作。根据系统要求，人类驾驶者不一定需要对所有的系统请求做出应答，包括限定道路和环境条件等；

5 级：全自动驾驶，在所有人类驾驶者可以应付的道路和环境条件下，均可以由自动驾驶系统自主完成所有的驾驶操作。

## 1.2.3 机器翻译

机器翻译是通过计算机将一种语言翻译成另一种语言，以解决语言屏障的问题的方法，如图1-13所示为汉语与各种语言之间的转换图。我们常常会用到百度翻译、谷歌翻译等网页，还有很多智能翻译机，这让我们与外国的交流更方便、快捷，但在翻译时会明显感觉到有一些句式、句意仍然与正确的表述有差异，这也说明机器翻译虽然应用广泛，但还是无法大规模代替人工翻译。

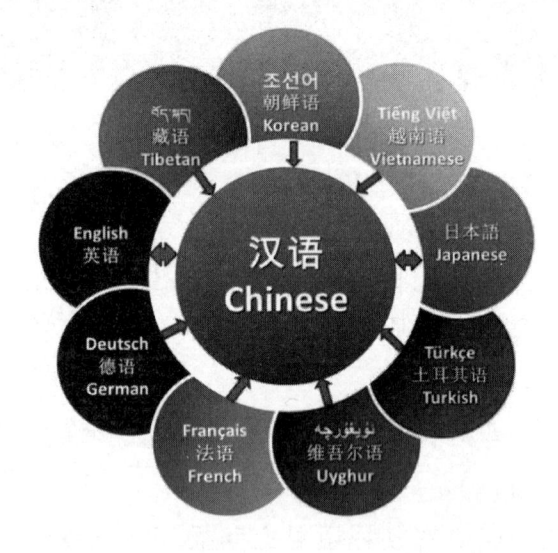

图1-13　汉语与各种语言之间的转换

机器翻译技术的发展大体上分为三个阶段：规则、统计、神经网络。

基于规则的方法出现在机器翻译的早期研究中，主要是根据语言专家编写的翻译规则进行翻译，是一个机械式的过程，受限于人工编写规则的质量和数量，费时且不易在不同的语言之间进行转换。

基于统计的方法于20世纪90年代提出，主要从平行语料中挖掘不同语言的词语间的对齐关系，基于对齐关系自动抽取翻译规则。一个典型的统计机器翻译包含三部分：翻译模型、语序模型、语言模型。翻译模型负责估算单词、短语间翻译的概率；语序模型对翻译后的语言片段排序进行建模；语言模型则用于计算生成的译文是否符合目标语言的表达习惯。

2016年9月，谷歌翻译上线中英神经网络模型，效果明显。到2017年5月，已支持41对双语翻译模块，超50%的翻译流量已经由神经网络模型提供。

神经网络同样需要使用平行语料库作为训练数据，但神经网络是一个整体的序列到序列的模型。它将源语言和目标语言的词语转化为向量表达，再用循环神经网络对翻译过程进行建模，即用神经网络作为编码器，将输入序列编码作为一个向量表示，再用一个神经网络作为编码器，将向量编码输出为序列。

自 20 世纪 30 年代以来，机器翻译历经不同时期的研究方法和技术的发展和创新，由简单到复杂，从初级到高级，不断进行着理论和实践的双重革新。在全球化、科技化日益发展的今天，国家间交流频繁，机器翻译的重要性愈加凸显。机器翻译需要在资源获取与处理技术、计算技术、挖掘技术、自适应技术等关键技术获得突破，这需要计算机科学、语言学以及其他学科的科技人员紧密协同配合，不断完善翻译技术。期待不久的将来机器翻译可以得到质的飞跃，更好地服务社会生活的各个领域。

## 1.2.4　图像识别

如图 1-14 所示，图像识别技术是信息时代的一门重要的技术，其产生的目的是为了让计算机代替人类去处理大量的物理信息。随着计算机技术的发展，人类对图像识别技术的认识也越来越深刻。

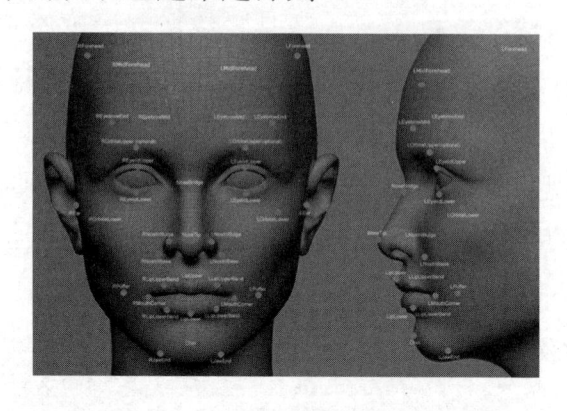

图 1-14　图像识别技术

### 1．图像识别发展的三个阶段

图像识别是人工智能的一个重要领域，其发展经历了三个阶段：文字识别、数字图像处理与识别、物体识别。

文字识别的研究是从 1950 年开始的，包括识别字母、数字和符号，从印刷文字识别到手写文字识别，应用非常广泛。

数字图像处理和识别的研究也有 50 多年的历史，数字图像与模拟图像相比，具有存储、传输、压缩、传输过程中不易失真、处理方便等巨大优势，这些都为图像识别技术的发展提供了强大的动力。

物体的识别主要是指对三维世界的客体及环境的感知和认识，属于高级的计算机视觉范畴。以数字图像处理与识别为基础的智能识别系统，是系统学等学科的研究方向，其研究成果被广泛应用在各种工业及探测机器人等诸多领域。

### 2．图像识别过程

图像识别过程分为信息的获取、预处理、特征提取和选择、分类器的设计及分类决策。

信息的获取是指通过传感器将光或声音等信息转化为电信息，即获取研究对象的基本信息，并通过某种方法将其转化为机器能够识别的信息。

预处理是指图像处理中的去噪、平滑、变换等操作，从而增强图像的重要特征。

特征提取和选择是指在模式识别中，通过获取图像的信息，根据信息的特定规则来形成对应的特征，这个过程就是特征提取。之后再在提取的所有特征中选择对识别有用的特征，这个过程就是特征选择。整个过程就是图像识别的重点。例如，在识别如图 1-15 所示的小鸟和飞机时，我们通过肉眼可以很清楚地进行分类，但是对于机器，又该如何让它分辨出小鸟和飞机的区别呢？那便是通过某种分类的规则让机器知道，有翅膀、有眼睛、有脚的是小鸟，有翅膀、没有眼睛、没有脚的是飞机，而这里的翅膀、眼睛就是特征，如何让机器得到这些特征并且筛选这些特征就是图像识别需要做的事情。

图 1-15　小鸟和飞机

分类器的设计是指通过训练而得到一种识别规则，通过此识别规则可以得到一种特征分类，使图像识别技术能够获得高识别率。

分类决策是指在特征空间中对被识别对象进行分类，从而更好地识别所研究的对象具体属于哪一类。

现如今，更多地用于图像特征提取和选择的是卷积神经网络，将图像的每一个像素进行标记，若是灰度图，则每个像素都可以用一个数字表示，从而将图像转化成矩阵；若是彩色图，则用（R，G，B）表示像素的颜色，即用红（R），绿（G），蓝（B）三种基本颜色叠加后的颜色。对于每种基本颜色都用 0～255 之间的整数来表示这个颜色分量的明暗程度。从而可以将一张图像转化为三个矩阵的空间排列，称之为三阶张量。以灰度图像为例，将其转化为矩阵之后，再定义一个权值矩阵，用来从图像中提取一定的特征，最后形成一个新的矩阵，这个矩阵反映了这个图像的特征。

在卷积神经网络中输入图像经过卷积层、池化层和全连接层，最终输出预测结果，判断图像内容的所属类别，关于卷积神经网络及深度学习，详见 5.2 的介绍。如图 1-16 所示是卷积神经网络的简要过程，主要包括输入图像，卷积层提取特征，池化层降维以减少计算量，经过多次卷积和池化，最后将特征重排为全连接层，然后按照神经元个数递减的方式设计多个全连接层，输出层神经元个数与类别数一致，每个神经元的输出值表示预测为该类别的概率，概率值越大，预测为该类别的置信度越高。通常取最大概率值对应的类别作为最终的预测结果。

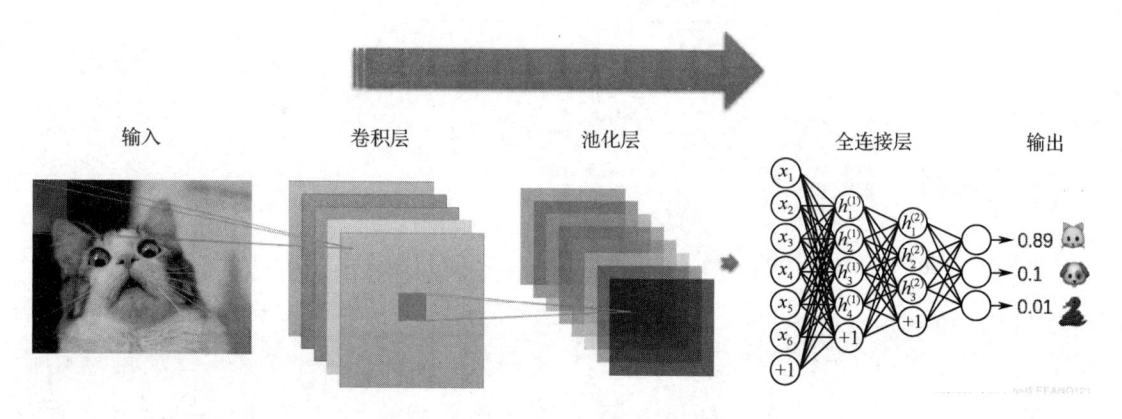

图 1-16　卷积神经网络的简要过程

## 1.2.5 智能回答

电影《钢铁侠》中钢铁侠有个 AI 管家，叫贾维斯。他能独立思考，可以帮助钢铁侠处理各种事情，能计算大量的数据，更关键的是，他能像人一样进行口语交流，贾维斯能听能说，能实时理解主人话语的意图，并根据实际场景进行回答，如果有歧义，贾维斯还会通过追问钢铁侠来获取更多的信息以消除歧义。贾维斯的这种能力是由对话式交互技术提供的，其中的核心是 VUI（Voice User Interface，语音用户界面）的设计。

但贾维斯毕竟是电影里的虚拟系统，如今的我们还做不到智能，更不用说让机器有意识。但是人机交互的技术科学家们已经探索了几十年，人与机器的简单对话已经得以实现，目前的对话式交互产品主要分两类：以微软小冰为代表的开放域（Open Domain）对话系统和以亚马逊为代表的任务导向（Task Oriented）对话系统，还有手机中的 Siri、小度、小爱同学，等等。

智能回答（对话式交互）主要通过如图 1-17 所示的五个过程来实现：语音识别、语义理解、对话管理、对话生成和语音生成这五个过程来实现。

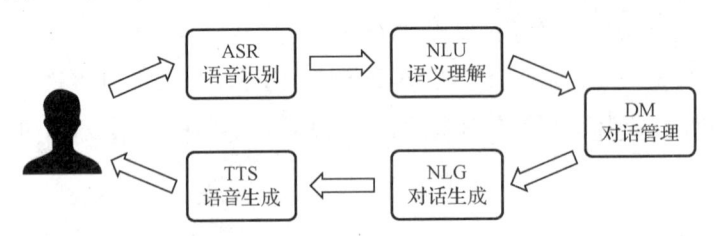

图 1-17 智能回答的五个过程

### 1. 语音识别 ASR

ASR（Automatic Speech Recognition）直译为自动语音识别，是一种通过声学模型和语言模型将人的语音识别为文本的技术。近年来，随着深度学习在语音识别中的广泛应用，识别的准确率大大提高，让这项技术能被广泛地应用于语音输入、语音搜索、实时翻译、智能家居等领域，让人与机器的语音交互变为可能。

## 2. 语义理解 NLU

语音识别只是知道我们说了什么，但要真正理解我们说的是什么，就需要依靠 NLU 这项技术。NLU（Natural Language Understand）直译为自然语言理解，是 NLP（Natural Language Processing，自然语言处理）的一个子集。NLU 专注于口语表达和对话方向。NLU 的一个主要功能是提取意图（execute an intent）。在 NLU 中，意图可以由槽位来表达，槽位就是意图的参数信息。槽位是指从句子中抽取出特定的概念（如时间、地点等）。槽位填充是为了让用户意图转化为用户明确的指令而补全信息的过程。NLU 主要有两种方法：一种是基于规则的方法，另一种是基于数据统计的方法，其大致内容与机器翻译中所讲述的方法相似。

## 3. 对话管理 DM

DM（Dialog Management）直译为对话管理，是对话式交互系统的核心，负责控制整个对话过程，主要包括对话上下文（Dialog Context）、对话状态跟踪（Dialog State Tracking）和对话策略（Dialog Policy）三部分。

对话上下文：记录对话的领域、意图和词槽数据，每个领域可能包含多个意图的数据，一般以队列的形式存储。

对话状态跟踪：每轮对话开始后，会结合本轮对话提供的语义信息和上下文数据，确定当前对话状态，同时会补全或替换词槽。

对话策略：根据对话状态和具体任务决定要执行什么动作，例如，进一步询问用户以获得更多的信息、调用内容服务，等等。

## 4. 对话生成 NLG

NLG（Natural Language Generation）直译为自然语言生成，即对话生成的技术。对于任务导向的对话来说，NLG 基本以模板形式实现。模板中的恢复信息可用词槽或通过内容服务得到的数据来替换。对话生成的原则是符合自然语言交互的习惯，易于用户理解，最快完成对话。

## 5. 语音生成 TTS

TTS（Text To Speech）是指语音合成技术。对话系统通过文本形式的 NLG

或者指令输出，当对话返回的内容是 NLG 时，通过 TTS 技术将这些文本转换成流畅的语音，播放给用户。TTS 技术提供语速、音调、音量、音频码率上的控制，打破 GUI（Graphical User Interface，又称图形用户界面）中传统的文字式人机交互方式，让人机沟通更加自然。

## 1.2.6 目标检测

目标检测就是从给定的图片中精确找到物体的位置，并标注物体的类别。目标检测要解决"物体在哪里，是什么"的整个流程问题。然而，这个问题并不容易解决，物体的类别、尺寸、在图片中的位置、摆放的角度、姿态都不是固定的。因此，如何从图像中解析出可供计算机理解的信息，是机器视觉的中心问题。深度学习模型由于其强大的表示能力，加之数据量的积累和计算力的进步，成为机器视觉的热点研究方向。

### 1. 目标检测的步骤

目标检测的主要步骤如图 1-18 所示。

（a）分类　　　　（b）检测　　　　（c）分割

图 1-18　目标检测的主要步骤

分类：将图像结构化为某一类别的信息，用事先确定好的类别或实例来描述图片。这是最简单、最基础的图像理解任务，也是深度学习模型最先取得突破和实现大规模应用的任务。其中，ImageNet 是最权威的评测集，每年的 ILSVRC（ImageNet Large Scale Visual Recognition Challenge）竞赛催生出大量的优秀深度网络结构，为其他任务提供基础。在应用领域，人脸、场景的识别等都可以归为分类任务。

检测：分类任务关心整体，给出的是整张图片的内容描述，而检测则关注特定的物体目标，要求同时获得这一目标的类别和位置信息。相比分类，检测给出的是对图片前景和背景的理解，我们需要从背景中分离出感兴趣的目标，并确定这一目标的描述（类别和位置），因而，检测模型的输出是一个列表，列表的每一项使用一个数据组表示检测出目标的类别和位置（常用矩形检测框的坐标表示）。

分割：分割包括语义分割和实例分割，前者是对前背景分离的拓展，要求分离具有不同语义的图像部分，而后者是检测任务的拓展，要求描述出目标的轮廓（相比检测框更为精细）。分割是对图像的像素级描述，它赋予每个像素类别（实例）意义，适用于对理解要求较高的场景，如无人驾驶中对道路和非道路的分割。

识别图像对象这一任务，通常会涉及为各个对象输出边界框和标签。分类/定位任务是对很多对象进行分类和定位，识别图像又像是对各主体对象进行分类和定位。在对象检测中，只有两个对象分类类别，即对象边界框和非对象边界框。例如，在汽车检测中，必须使用边界框检测所给定图像中的所有汽车。

## 2．R-CNN 简介

如果使用图像分类和定位图像这样的滑动窗口技术，则需要将卷积神经网络应用于图像上其他不同的物体上。由于卷积神经网络会将图像中的每个物体识别为对象或背景，因此需要在大量的位置和规模上使用卷积神经网络，但这需要很大的计算量。

为了解决这一问题，神经网络研究人员使用区域建议这一概念，这样就会找到可能包含对象的"斑点"图像区域，大大提高运行速度。第一种模型是基于区域的卷积神经网络（R-CNN）的，如图 1-19 所示，输入图像后，提取 2000 个区域目标，然后针对每个候选区域使用 CNN 自动提取特征，基于所提取的特征对区域最后进行分类，并得到初步的判断结果和分类。其算法原理如下。

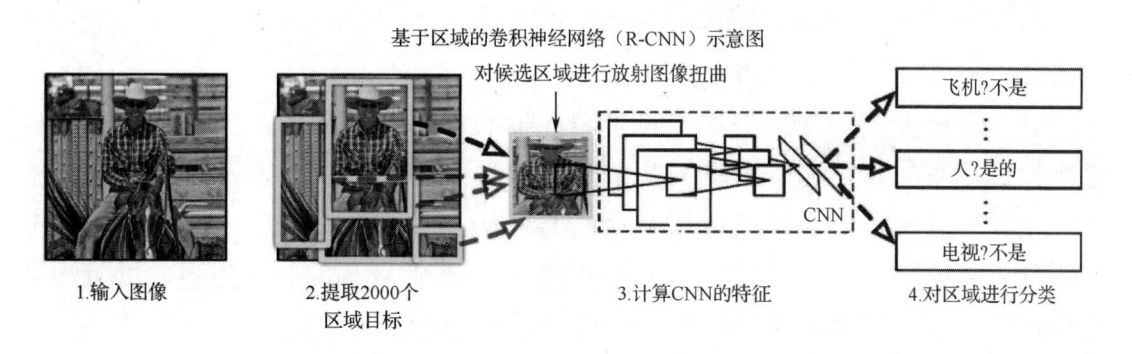

图 1-19　基于区域的卷积神经网络（R-CNN）示意图

（1）在 R-CNN 中，首先使用选择性搜索算法扫描输入图像，寻找其中的可能对象，从而生成大约 2000 个区域建议。

（2）在这些区域建议上运行一个卷积神经网络。

（3）最后，将每个卷积神经网络的输出传给支持向量机（Support Vector Machine，SVM），使用一个线性回归收紧对象的边界框。

这个方法实质上是将对象检测转换为一个图像分类问题，但是也存在一些问题，例如，训练速度慢，需要大量的磁盘空间，推理速度也很慢，等等。

### 3．Fast R-CNN 简介

R-CNN 的第一个升级版本是 Fast R-CNN，通过使用 2 次增强，大大提高了检测速度。

（1）在生成区域建议之前进行特征提取，因此在整幅图像上只须运行一次卷积神经网络。

（2）用一个 softmax 层代替支持向量机，对用于预测的神经网络进行扩展，而不是创建一个新的模型。

### 4．Faster R-CNN 简介

Fast R-CNN 的运行速度要比 R-CNN 快得多，因为在一幅图像上它只须训练一个 CNN。但是，选择性搜索算法生成区域建议仍然要花费大量时间。

改进的算法叫 Faster R-CNN，是基于深度学习对象检测的一个典型案例。该算法用一个快速神经网络代替运算速度很慢的选择性搜索算法：通过插入区域建议网络（Region Proposal Network，RPN）来预测来自特征的建议。RPN 主要功能就是决定查看"哪里"，这样可以减少整个推理过程的计算量。

RPN 快速且高效地扫描图像的每一个位置，来评估在给定的区域内是否需要做进一步处理，其实现方式如下。

（1）输出 $k$ 个边界框建议，每个边界框建议都有 2 个值，分别代表每个位置包含目标对象和不包含目标对象的概率。

（2）一旦有了区域建议，就直接将它们送入 Fast R-CNN。

（3）再添加一个池化层、一些全连接层、一个 softmax 分类层，以及一个边界框回归器，使 RPN 能简单且快速地检测出目标。

总之，Faster R-CNN 的速度和准确度更高。值得注意的是，虽然以后的模

型在提高检测速度方面做了很多工作，但很少有模型能够大幅度地超越 Faster R-CNN。换句话说，Faster R-CNN 可能不是最简单或最快速的目标检测方法，但目前仍然是性能最好的方法之一。

## 1.3 人工智能的发展趋势

未来是一个充满技术的世界，在计算机智能不断加速发展的情况下如何塑造人类扮演的角色，就是人工智能的发展趋势。这是一个关于创造性的本质、未来就业，以及当所有知识成为数据并存储后，即将发生什么的故事。当我们制造的机器比我们更聪明，人类还能做什么，还具备什么优势？人类自身是否也是一台会思考的机器？

人工智能已经深刻且广泛地改变着人们的生活。从手机智能系统、机器视觉到图像识别，从嵌入软件到智能控制，从大数据采集到分析理解等，都渗透着人工智能的创新应用。人们依靠智能导航出行，通过语音与机器互动，应用智能工具搜索知识信息等，我们已经自觉或不自觉地处于人工智能的环境中。许多过去被视为只有依靠人的智力才能胜任的复杂工作，也开始出现被机器完美替代的可能，例如，百度、高德、腾讯的智能导航，手机中的知识图谱应用，科大讯飞的智能翻译，客服值班机器人，等等。今天，我们要选择的已经不是是否接受人工智能，而是选择以科学理性的方式应用人工智能造福人类，并共同应对人工智能应用可能带来的法律伦理、公共和国家安全等新的挑战。

人工智能在生产领域中的应用，为新时代的产业结构升级变革提供了新的机遇。作为第四次工业革命的最重要的驱动力之一，在这万物互联的时代，随着 5G 网络的建成和广泛应用，人工智能以增强机器智力的方式替代人或与人协同工作，促进网络智能设计制造与服务，将大幅提升劳动生产率，重塑产业链与价值创造和分配方式。灵活多样的众创、众筹能力与人工智能技术相结合将为节能减排、绿色发展、提质增效和产业升级创造新的机会。

以大数据智能、跨媒体智能、人机混合增强智能、自主智能系统等为代表的人工智能 2.0 关键理论与技术，将全面推动智能城市、智慧医疗、智能制造等领域的发展，未来世界将发生翻天覆地的变化。

过去是人机交互的界面,现在已经实现了人和机器融合一体化的工作方式,如脑机系统等。人类将自己的聪明才智及创新智慧赋予了人类发明,但人类无法企及机器人强大的数据处理和逻辑推理能力,如果将这两种智慧融合在一起,会创造出更强大的智慧,即强人工智能时代,将深刻并长久地改变人类社会的进程和方向。对此,科学家们认为人工智能将在以下五大领域得到重点突破。

第一领域:大数据智能。这是建立在大数据基础上的人工智能,深度神经网络是其中重要的内容之一,还包括其他内容,例如,语义网络、知识图谱自动化及自我博弈系统。把人工智能 1.0 和 2.0 技术混合在一起,会产生新的大数据智能化的各种各样的技术。

第二领域:跨媒体智能。过去的多媒体技术包括图像处理、声音处理等多种技术,但这些技术都是分开进行的,而人在处理这些情况的时候,是同步进行的,人工智能 2.0 将会瞄准这个方向进行突破。

第三领域:群体智能,即用人工智能方法组织很多人和计算机联合去完成一件事情。实际上人工智能 1.0 已经有了这个技术的苗头,称为多智能体系统,但是这个系统所连接的智能体太少,仍需拓展。

第四领域:人机混合。人和机器混合在一起,形成一种增强智能。这种智能不但比机器更聪明,而且比人更聪明,能够解决更多问题。

第五领域:智能自主系统。人工智能 1.0 热衷于制造机器人,有很多成功或不成功的机器人。最成功的机器人是机械手,在生产线上已被大规模使用;人工智能 2.0 应该从原有的机器人的圈子里跳出来,以一个新的视角来看待新的自动化和智能化结合的行为。

未来的人工智能将会拥有比人类更强大的功能和更广泛的应用,人工智能将具有人类所有的功能和表现形式。

会看:图像识别、文字识别、车牌识别;

会听:语音识别、说话人识别、机器翻译;

会说:语音合成、人机对话;

会行动:机器人、自动驾驶汽车、无人机;

会思考:人机对弈、定理证明、医疗诊断;

会学习:机器学习、知识表示。

机器能像人那样认知、思考和学习,比人类更聪明、更强大,甚至更"恐怖"。

# 第二章

# Python语言基础

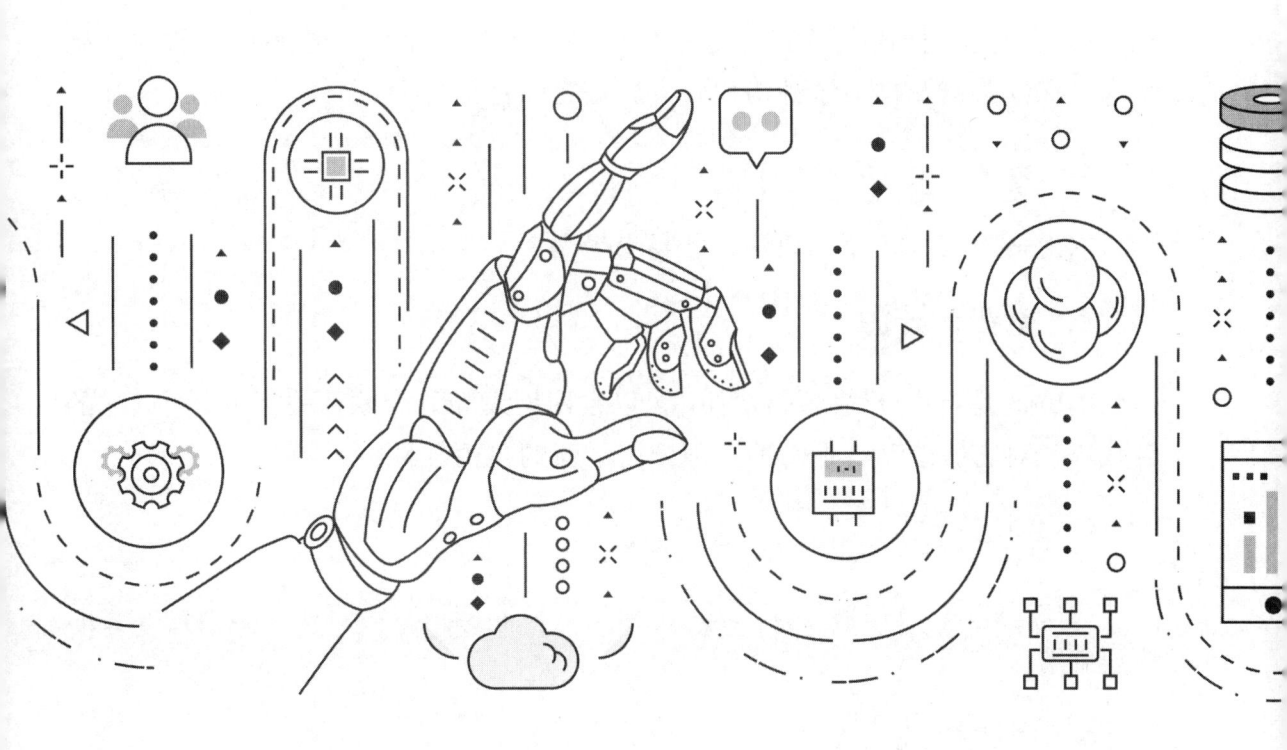

# 2.1 Python 概述

## 2.1.1 Python 语言简介

Python 是一种简单易学，功能强大的编程语言，它有高效率的高层数据结构，简单有效地实现面向对象编程。Python 简洁的语法和对动态输入的支持，再加上解释性语言的本质，使得它在大多数平台的众多领域中都是一个理想的脚本语言，特别适用于快速的应用程序开发。随着人工智能概念的火爆，Python 因它的动态便捷性和灵活的三方扩展，成为众多从业者的首选语言。

Python 具有以下特点。

### 1．简单

Python 是一种代表简单主义思想的语言。阅读一个良好的 Python 程序就感觉像是在读英语一样，这种伪代码本质是它的优点之一。

### 2．易学

Python 有极其简单的语法，容易上手。

### 3．免费、开源

Python 是自由/开放源码软件，可以自由地发布这个软件的拷贝、阅读它的源代码、对它做改动、把它的一部分用于新的自由软件中。

### 4．高层语言

当用 Python 语言编写程序时，无须考虑诸如如何管理程序使用内存一类的底层细节。

### 5．可移植性

由于它的开源本质，Python 已经被移植在许多平台上。大部分 Python 程序无须修改就可以在几乎所有操作系统上运行。

### 6. 丰富的库

Python 拥有庞大的标准库和第三方高质量扩展库，可以处理各种工作，包括图像处理、人工智能和数据科学等。

## 2.1.2 Python 开发环境搭建

由于历史原因，Python 有两个不同的版本：Python 2 和 Python 3。Python 2 从 2020 年起不再得到支持，本书基于 Python 3 来讲解该软件的使用方法。

Python 是一种跨平台的编程语言，不同的操作系统中安装 Python 的方法存在细微的区别。本章主要介绍 Windows 下 Anaconda 的安装与环境配置，其他操作系统可以参考官方网站。Anaconda 是一个用于科学计算的 Python 发行版，支持 Linux、Mac、Windows 系统，提供了包管理和环境管理等功能，可以很方便地解决多版本 Python 并存、切换，以及各种第三方包安装问题。

### 1. 下载

在 Anaconda 官网上，找到与自己的计算机的操作系统对应的 Python 版本，并完成下载。

### 2. 安装

（1）双击已下载的程序，进入安装界面，如图 2-1 所示。

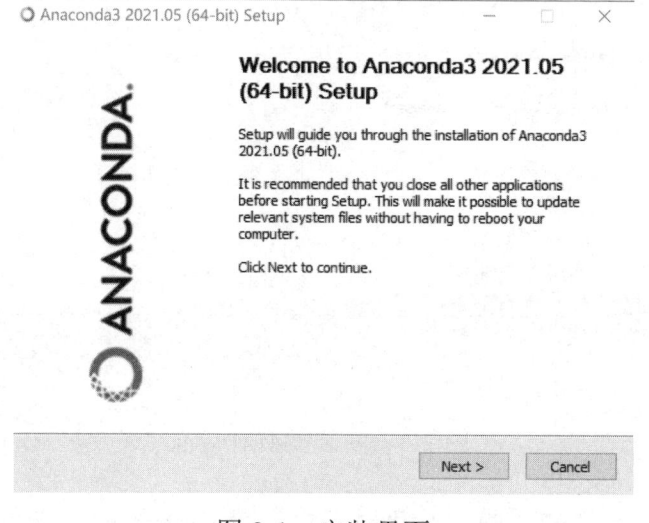

图 2-1　安装界面

（2）单击 Next 按钮，弹出如图 2-2 所示的签署协议许可对话框。

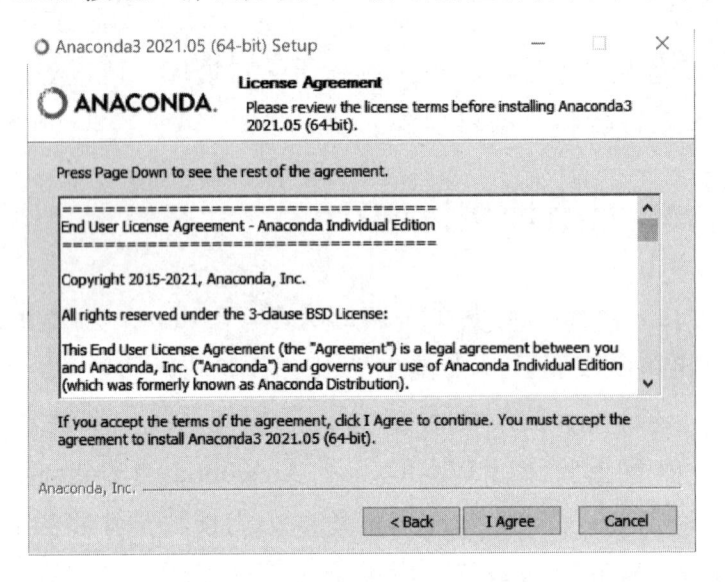

图 2-2　签署协议许可对话框

（3）单击 I Agree 按钮，弹出如图 2-3 所示的安装类型对话框，选择"Just Me (recommended)"。

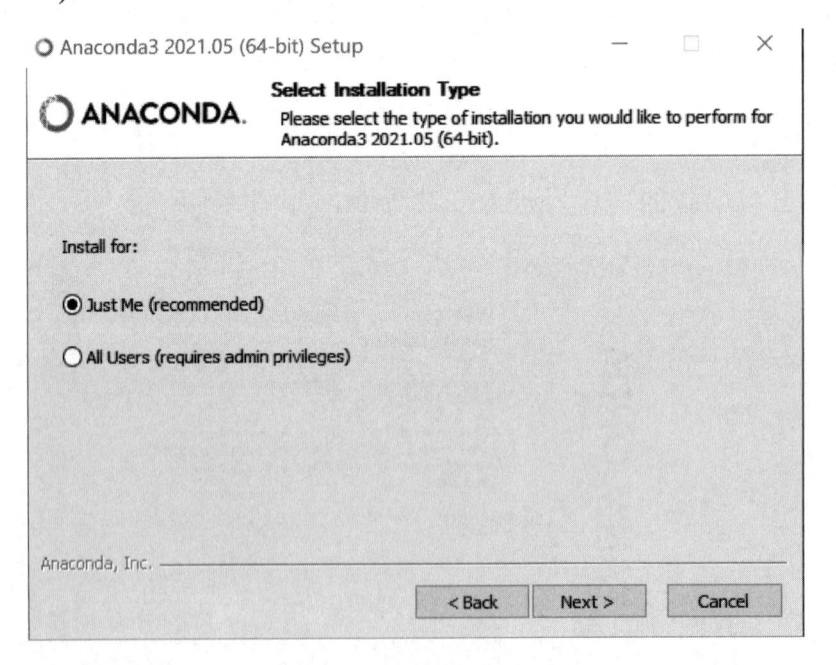

图 2-3　安装类型对话框

（4）单击 Next 按钮，弹出如图 2-4 所示的安装地址对话框，设置软件的安装地址，此处可以选择默认地址。

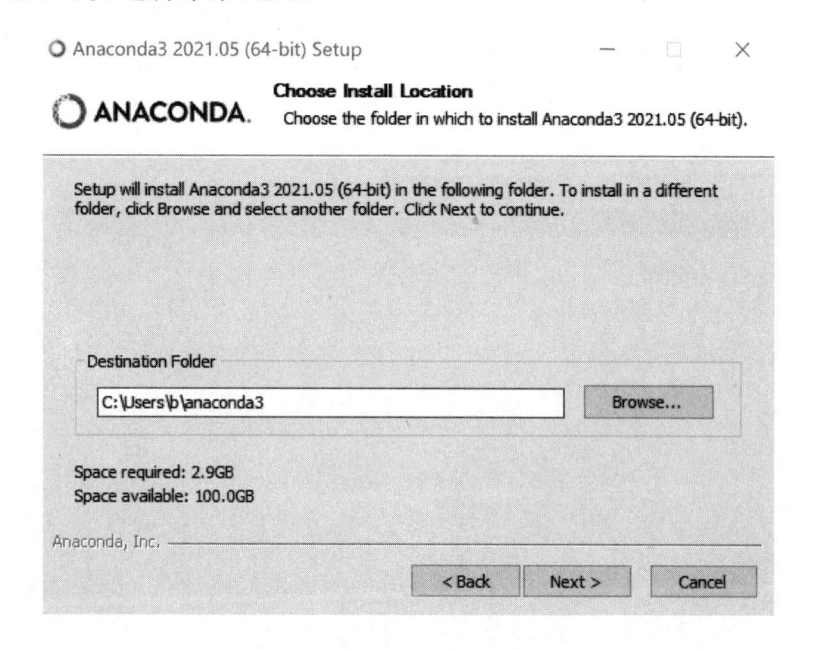

图 2-4　安装地址对话框

（5）单击 Next 按钮，弹出如图 2-5 所示的安装选项对话框，此处建议不要选择第一项，选择默认配置即可。

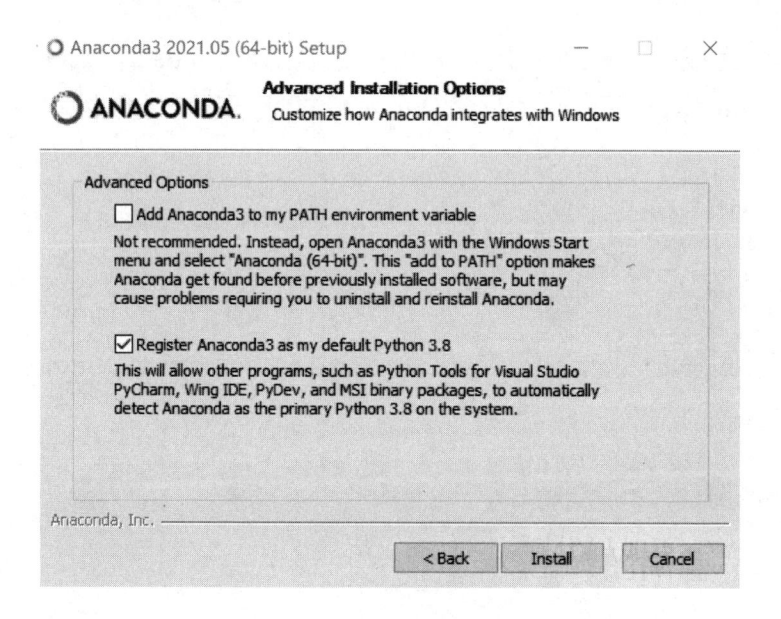

图 2-5　安装选项对话框

（6）单击 Install 按钮，弹出安装进度对话框，等待程序安装完毕，如图 2-6

所示。单击 Next 按钮，结束程序安装。

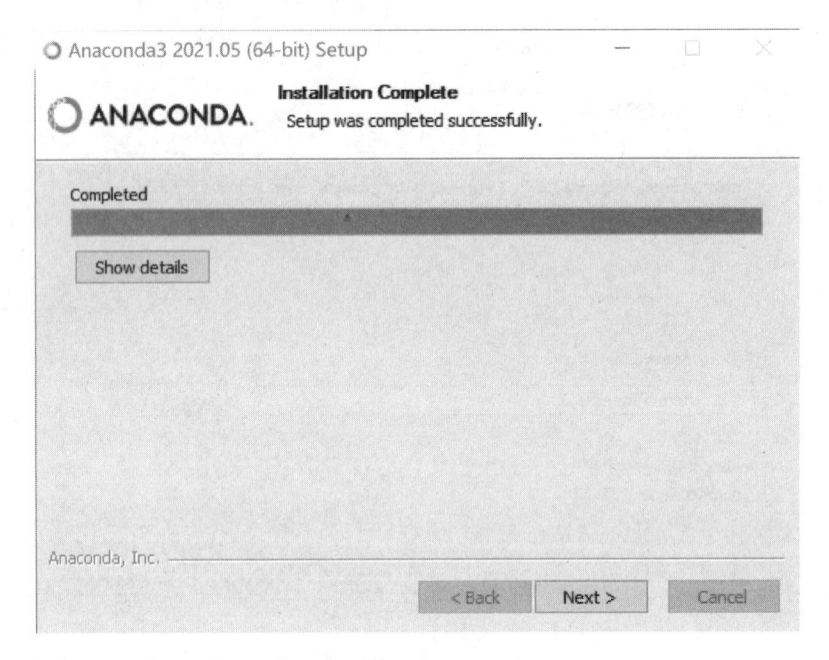

图 2-6　安装进度对话框

## 3. 启动 Spyder

软件安装完成后，在"开始"菜单中找到 Anaconda 3，在下拉列表中找到并单击 Anaconda Navigator，进入 Anaconda 的主界面，如图 2-7 所示。

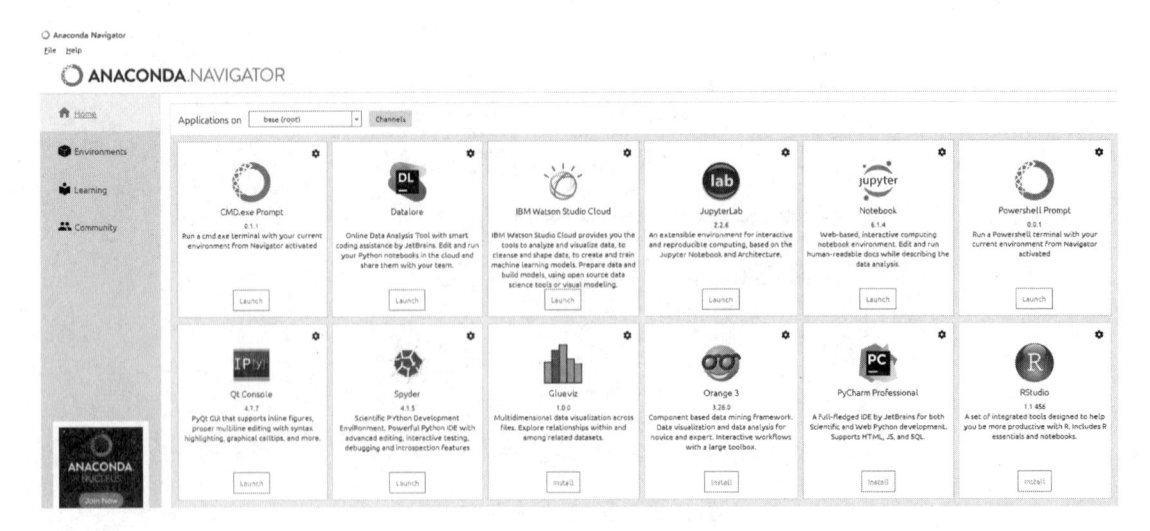

图 2-7　Anaconda 的主界面

# 第二章　Python 语言基础

在 Anaconda 的主界面找到 Spyder，并单击 Launch 按钮，启动 Spyder。由于其默认界面为黑色，可以更换为常用的白色界面。单击 Tools，选择 Preferences，在弹出的对话框中选择 Appearance，单击 Spyder Dark 右侧的下拉箭头，找到 Spyder，更换即可，如图 2-8 所示。还可以将英文界面更换为中文界面，单击 Tools，选择 Preferences，在弹出的对话框中选择 Advanced settings，单击 Language 右侧的下拉箭头，找到"简体中文"，更换即可，如图 2-9 所示。

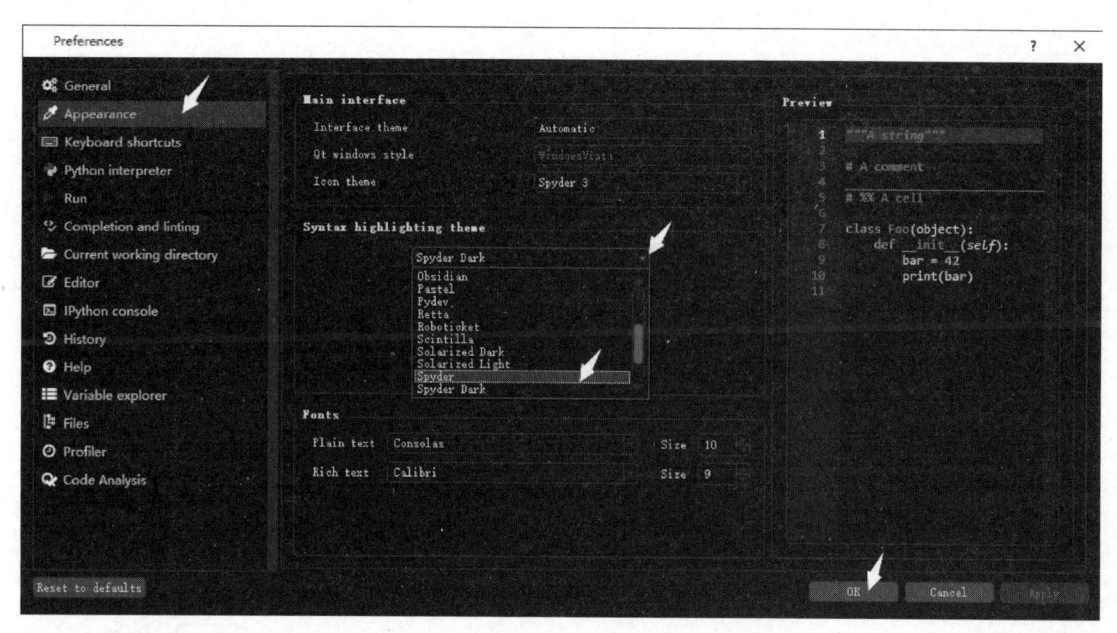

图 2-8　更换 Spyder 界面

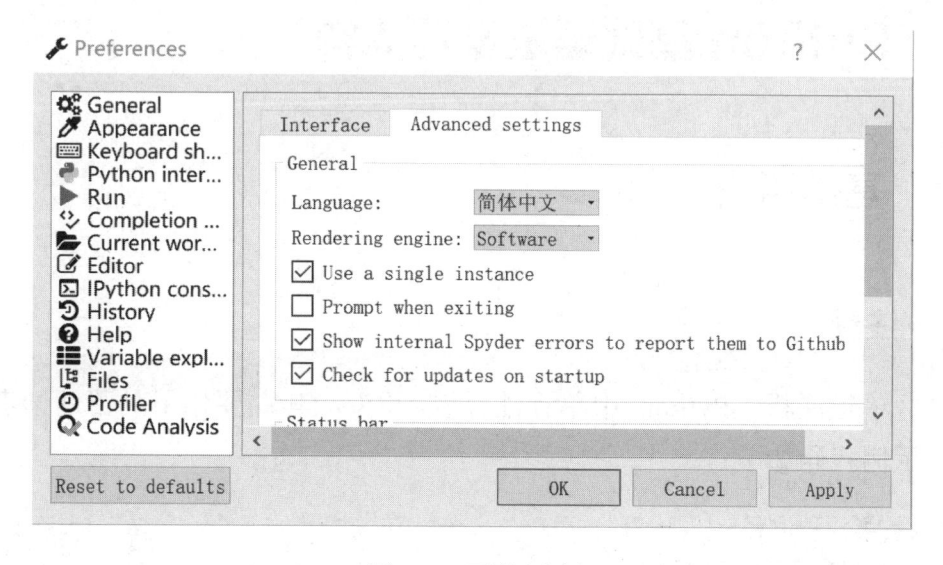

图 2-9　更换语言

037

### 4. Spyder 简介

Spyder 是一个简单的集成开发环境，可以很方便地观察和修改变量的值。Spyder 的界面由许多窗口组成，包括菜单栏、编辑器、变量管理器、控制台等，如图 2-10 所示。

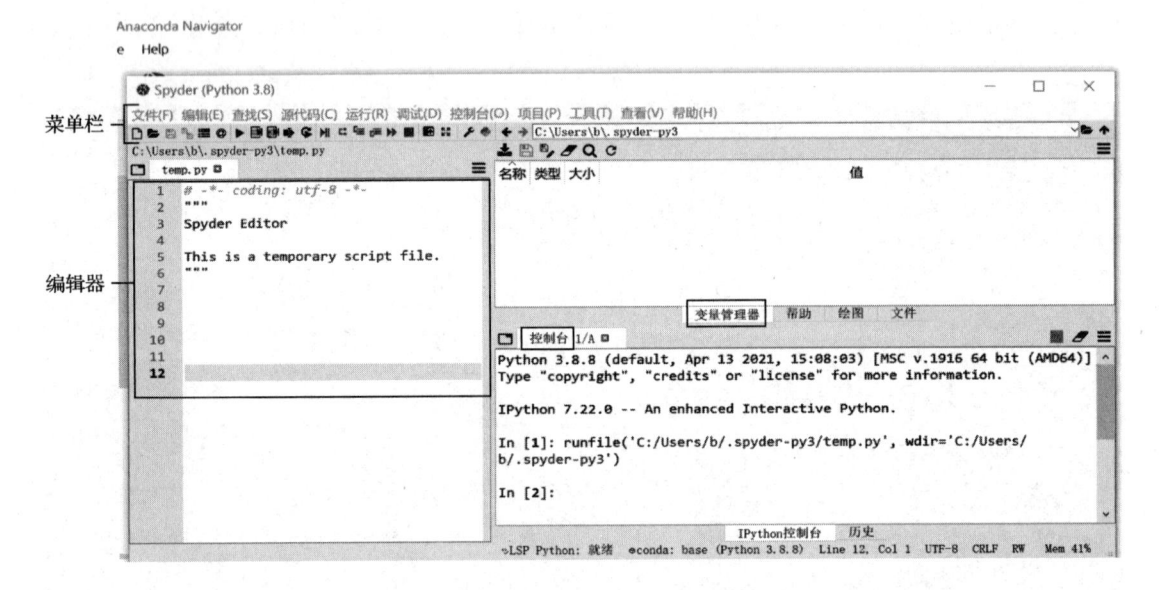

图 2-10　Spyder 界面的组成窗口

## 2.2　Python 基础语法及运算符

### 2.2.1　基础语法

#### 1. 注释

（1）单行注释。Python 中单行注释以#开头，其主要作用是帮助读者理解程序，示例代码如下：

```
#这是第一种注释
print('Hello World')
```

注意：在编写程序时，代码和标点要选用 Spyder 软件中默认的英文字体。当程序中的标点是中文状态时，程序无法正常执行。

（2）多行注释：一次性注释程序中的多行内容，可以用多个单引号或双引号注释。

① 多个单引号注释多行内容，示例代码如下：

'''
这里采用多个
单引号作为多行注释
引号里面的内容全部是注释内容
'''

② 多个双引号注释多行内容，示例代码如下：

"""
这里采用多个
双引号作为多行注释
引号里面的内容全部是注释内容
"""

## 2. 行与缩进

Python 不需要使用大括号{ }，而是使用缩进来表示代码块，示例代码如下：

```
if True:
    print ("True")
else:
    print ("False")
```

错误的缩进可能会导致程序被错误执行。

## 3. 标识符

标识符的主要作用是作为变量、函数、类、模块及其他对象的名称。标识符命名时，需要遵守以下规则：

（1）第一个字符必须是字母表中的字母或下画线_。
（2）标识符的其他部分由字母、数字和下画线组成。
（3）标识符对大小写敏感。

### 4. 字符串

字符串是字符的序列。Python 程序中表示字符串有以下三种方式。
（1）使用单引号（'）。用单引号指示字符串，示例代码如下：

```
'Quote me on this'
```

其中，字符串中的空白（空格和制表符）都会被保留。
（2）使用双引号（"）。双引号中的字符串与单引号中的字符串的使用方法相同，示例代码如下：

```
"What's your name?"
```

（3）使用三引号（'''或"""）。利用三引号，可以指示一个多行的字符串，示例代码如下：

```
'''This is a multi-line string. This is the first line.
He said "Bond, James Bond."
'''
```

## 2.2.2 变量

变量是存储在内存中的值，创建变量时会在内存中开辟一个空间。变量可以指定不同的数据类型，这些变量可以存储数或字符串。

Python 中的变量赋值不需要类型声明。变量在使用前必须赋值，赋值以后该变量才会在内存中创建。等号（=）用来给变量赋值。等号（=）运算符左边是一个变量名，等号（=）运算符右边是存储在变量中的值，示例代码如下：

```
age = 20
message = "HelloWorld"
```

其中，age 和 message 是变量。

## 2.2.3 运算符

Python 大多数语句中都包含表达式，一个表达式可以分解为运算符和操作

数。一个简单的表达式例子：

2 + 3

在这个例子中，"+"是运算符，"2"和"3"是操作数。

Python 语言支持以下类型的运算符：算术运算符、比较（关系）运算符、逻辑运算符，分别如表 2-1，表 2-2，表 2-3 所示。

表 2-1　算术运算符

| 运算符号 | 运算符名称 | 描述 | 示例 | 输出结果 |
|---|---|---|---|---|
| + | 加 | 数值相加 | 3+5 | 8 |
| - | 减 | 一个数减去另一个数 | 3-5<br>5-3 | -2<br>2 |
| * | 乘 | 数值相乘 | 2*3 | 6 |
| ** | 幂 | 乘方（幂） | 3**4，即 $3^4$ | 81 |
| / | 除 | 一个数除以另一个数（输出结果为浮点型） | 4/3 | 1.3333333333333333 |
| // | 取整除 | 一个数除以另一个数，取商的整数部分为结果 | 4//3<br>8//3 | 1<br>2 |
| % | 取模 | 一个数除以另一个数，取商的余数为结果 | 12%3<br>13%3 | 0<br>1 |

表 2-2　比较（关系）运算符

| 运算符号 | 运算符名称 | 描述 | 示例 | 输出结果 |
|---|---|---|---|---|
| < | 小于 | 判断运算符左边的值是否小于右边 | 5<3<br>3<5<7 | False<br>True |
| > | 大于 | 判断运算符左边的值是否大于右边 | 3>5 | False |
| <= | 小于或等于 | 判断运算符左边的值是否小于或者等于右边，满足其中一个即为正确 | x=3，y=6，x<=y | True |
| >= | 大于或等于 | 判断运算符左边的值是否大于或者等于右边，满足其中一个即为正确 | x=3，y=3，x>=y | True |
| == | 等于 | 判断运算符左边的值是否等于右边 | x=2，y=2，x==y | True |
| != | 不等于 | 判断运算符左边的值是否与右边的值不同 | x=2，y=2，x!=y | False |

表 2-3　逻辑运算符

| 运算符 | 名称 | 说　　明 | 示　　例 |
|---|---|---|---|
| and | 布尔"与" | 当 x 和 y 两个表达式都为真时，x and y 的结果才为真，否则为假 | x=False,y=True,则 x and y 返回 False |
| or | 布尔"或" | 当 x 和 y 两个表达式都为假时，x or y 的结果才是假，否则为真 | x=True,y=False,则 x or y 返回 True |
| not | 布尔"非" | 如果 x 为真，那么 not x 的结果为假；如果 x 为假，那么 not x 的结果为真 | x=True,则 not x 返回 False；x=False,则 not x 返回 True |

## 2.3　控制结构

### 2.3.1　顺序结构

程序中的语句按各语句出现位置的先后次序执行，称之为顺序结构。如图 2-11 所示为语句顺序结构。3 个语句块之间是顺序执行关系，先执行语句块 1，再执行语句块 2，最后执行语句块 3。

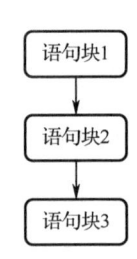

图 2-11　语句顺序结构

### 2.3.2　分支结构

Python 中用 if 语句实现分支结构。if 语句检验一个条件，如果条件为真，则运行 if 块语句，否则运行 else 块语句。

（1）当判断条件为单个值时，形式如下：

```
代码块 1
else:
    代码块 2
```

（2）当判断条件为多个值时，形式如下：

```
if 判断条件 1:
    语句块 1
```

```
    elif 判断条件 2：
        语句块 2
    elif 判断条件 3：
        语句块 3
        else：
            语句块 4
```

if 语句、elif 语句和 else 语句末尾都必须包含一个冒号，它告诉 Python 下面跟着一个语句块，示例代码如下：

```
score = int(input("请输入你的数学成绩："))
if score < 60:
    print("不及格!")
elif score <70:
    print("及格")
elif score <80:
    print("中等")
elif score <90:
    print("中等")
else:
    print("优秀")
```

**注意**：输入条件判断后单击回车键，会自动生成冒号，下一行也会自动缩进。单击菜单栏的"运行"按钮▶，运行程序，在 IPython 控制台上"请输入你的数学成绩："后面输入数学成绩，单击回车键，程序会根据输入的成绩，执行不同分支的语句块，输出对应的成绩等级。

## 2.3.3 循环结构

循环结构是在一定条件下反复执行某段程序的流程结构。反复执行的程序被称为循环体。Python 中的循环语句有 while 和 for。

### 1. while 循环

while 语句的一般形式如下：

```
while 判断条件：
    循环体语句块
```

示例代码如下：

```
sum = 0
n = 1
while n <= 100:
    sum = sum + n
    n = n + 1
print(sum)
```

输出结果如下：

```
5050
```

这段程序首先检验变量 $n$ 是否小于或等于 100，然后执行后面的 while 循环体语句块，执行完循环体语句块后再次检验变量，最终实现从 1 累加到 100。

### 2. for 循环

for 语句的一般形式如下：

```
for 变量 in 序列:
    循环体代码块
```

示例代码如下：

```
course = ["语文", "数学", "英语", "体育"]
for x in course:
    print(x)
```

输出结果如下：

```
语文
数学
英语
体育
```

这段程序 for 使用关键字 in 来遍历课程序列，获取其元素，并由变量 $x$ 来表示，输出课程名称。

### 3. break 语句

break 语句用来提前退出循环，即使循环条件没有 False 或序列还没有完全

遍历，也停止执行循环语句，示例代码如下：

```
n = 1
while n <= 50:
    if n > 20: #条件满足时，执行break语句
        break  #break结束当前循环
    print(n)
    n = n + 1
print("Done")
```

输出结果如下：

```
1
2
3
4
5
6
7
8
9
10
11
12
13
14
15
16
17
18
19
20
Done
```

这段程序表示循环到 $n$=21 时，执行 break 语句，提前退出循环。

## 4．continue 语句

continue 语句是告诉 Python 跳过当前循环体中的剩余语句，继续进行下一轮循环，示例代码如下：

```
n = 0
while n < 10:
    n = n + 1
    if n%2 == 0:
        continue #直接进行下一轮循环,后续的循环体语句不会执行
    print(n)
```

这段程序表示当 $n$ 为偶数时,跳过后续循环体中的 print 语句,直接进行下一轮循环,输出结果如下:

```
1
3
5
7
9
```

## 2.4 数据结构

### 2.4.1 字符串

字符串是 Python 中最常用、最基本的数据类型,使用一对单引号或双引号创建,例如:

```
str1 = '我爱人工智能,'
str1 = "我爱人工智能,"
```

如果需要将多个字符串拼接起来构成一个新的字符串。此时可以使用加法符号"+"快速实现,示例代码如下:

```
str1 = "我爱人工智能,"
str2 = "我要努力学习!"
str3 = str1 + str2
print(str3)
```

输出结果如下:

```
我爱人工智能,我要努力学习!
```

如果需要快速复制字符串，可以使用乘法符号"*"来实现，示例代码如下：

```
str2 = "我要努力学习!"
str4 = str2*3
print(str4)
```

输出结果如下：

我要努力学习!我要努力学习!我要努力学习!

事实上，字符串可以看成是由很多字符串连接起来得到的，例如：

```
str5 = "我" + "爱" + "人" + "工" + "智" + "能"+ ","
```

str5 与 str1 的输出结果是一样的。反过来，也可以将字符串拆成很多字符串，这涉及字符串的索引和切片。索引通过一组中括号[ ]配合索引位置来实现，示例代码如下：

```
str1 = "我爱人工智能,"
str1_2 = str1[2]
print(str1_2)
```

输出结果如下：

人

这与我们想的结果不一致，明明第二个字符为"爱"，为何输出的却是第三个字符"人"？这是因为 Python 的索引是从 0 开始的，这与自然数集的表示一致，即"我"是第 0 个字符，"爱"是第 1 个字符，"人"是第 2 个字符。字符串的切片是指从字符串中截取一段，示例代码如下：

```
str1 = "我爱人工智能,"
str1_slice = str1[2:6]
print(str1_slice)
```

这个语句块表示从第 2 个字符"人"开始切片，一直切到第 6 个字符","所在位置前。

输出结果如下：

人工智能

**注意**：切片包含起始位置，但并不包含最后一个位置，这种方式可以用"顾头不顾尾"来形容。

不论索引还是切片，当访问的位置超过字符串的总长时，会产生越界问题，此时会报错，错误信息如下：

```
IndexError: string index out of range
```

## 2.4.2 列表

数列是数学中的基本概念，其描述的是一列有序数字。列表这一数据结构可以很好地存储数列。使用成对的中括号[]来创建列表，项与项之间用逗号隔开，示例代码如下：

```
A = [2, 4, 6, 8, 10]
```

列表的访问和切片方式与字符串一致，它们的不同主要体现在以下几方面。

### 1. 列表的数据类型

列表中的项可以是任意数据类型，例如，数字型、字符型等，也可以是任意数据结构，甚至可以是列表，而且这些项的类型可以不一致。字符串的每一项依然是字符串，而且必须是字符串，示例代码如下：

```
B = ["我爱人工智能", 12, [3, 4, 5]]
print(B[0], B[1], B[2])
```

输出结果如下：

```
我爱人工智能 12 [3, 4, 5]
```

```
print(B[0][2], B[2][0])
```

输出结果如下：

```
人 3
```

### 2. 修改列表的方法

列表可以随时修改，例如，更改某些项的值，增加或者删减某些项，但是

字符串一旦创建，就不能再做任何改动。

使用赋值方式可以修改列表中某些项，示例代码如下：

```
C = [2, 4, 9, 10]
C [2] = 8
print(C)
```

输出结果如下：

```
[2, 4, 8, 10]
```

使用函数 append() 可以在末尾增加项，使用函数 insert() 可以在指定位置插入特定项，示例代码如下：

```
C = [2, 4, 8, 10]
C.append(12)
C.insert(2, 6)
print(C)
```

其中，函数 insert() 的第一个参数"2"表示插入位置，第二个参数"6"表示要插入的项，输出结果如下：

```
[2, 4, 6, 8, 10, 12]
```

使用函数 remove() 可以删除指定项，使用函数 del() 可以删除指定位置的项，示例代码如下：

```
del(C[2])
print(C)
```

表示将列表 C 的第 2 个位置的项 6 删除，输出结果如下：

```
[2, 4, 8, 10, 12]
```

```
C.remove(8)
print(C)
```

表示将列表 C 中第一次出现 8 的项删除，输出结果如下：

```
[2, 4, 10, 12]
```

## 2.4.3　元组

作为初学者，可以简单地将元组视为特殊的数列，其特殊性体现在元组一旦创建，将不能被修改。与列表一样，元组的项可以是任意数据类型，也可以是诸如字符串、列表和元组之类的数据结构。编程时，那种在整个执行阶段均不会发生改变的量通常创建为元组，创建元组时使用成对的小括号()，项与项之间用逗号隔开，示例代码如下：

```
A = (2, 4, 6, 8, 10)
```

元组的访问和切片与列表完全一致。

## 2.4.4　字典

字符串、列表和元组都是按照位置进行访问的，一些特殊应用中需要自定义访问方式，字典正好可以满足这一需求。字典使用成对的大括号{}来定义，示例代码如下：

```
D = {"Name":"张三", "Age":16, "座位号":18}
```

其中，Name、Age 和座位号为键，张三、16 和 18 为值，通过键可以访问对应的值，示例代码如下：

```
print(D['Name'], "的年龄是", D['Age'])
```

输出结果如下：

```
张三 的年龄是 16
```

键可以使用数字、字符、元组来定义，但是不能使用列表来定义。与列表一样，字典可以修改键值，且修改方式一致，示例代码如下：

```
D["Age"] = 17
print(D)
```

输出结果如下：

```
{'Name': '张三', 'Age':17, '座位号':18}
```

删除键值时可以使用函数 del()，示例代码如下：

```
del(D["座位号"])
print(D)
```

输出结果如下：

```
{'Name': '张三', 'Age':17}
```

## 2.5 函数的设计与调用

### 2.5.1 函数的定义与调用

在完成某些任务时，通常需要将其分解为很多个小功能，这些小功能可以使用函数来实现。定义函数需要使用 def 关键词和固定的缩进格式，示例代码如下：

```
def fun(x):
    y = (x+1)**2
    return y
```

其中，def 是关键词，表明当前代码块用来定义一个函数；fun 是函数名，命名规则可以参考变量的命名规则；小括号括起来的 $x$ 是函数的输入，如果有多个输入，需要使用逗号隔开；小括号后的冒号标志着开始定义函数体，函数体需要整体缩进；return 后面返回的变量是函数的输出，如果有多个输出，在 return 后面需要使用逗号将多个变量隔开；def 和 return 之间的语句是函数体，用来实现该函数的功能。

当函数定义好以后，便可以调用该函数，示例代码如下：

```
y1 = fun(-1)
y2 = fun(0)
print(y1, y2)
```

输出结果如下:

```
0 1
```

以上函数只能计算平方,如果还想计算其他幂次方,可以将指数作为参数输入给函数,示例代码如下:

```
def fun(x, n=2):
    y = (x+1)**n
    return y
```

其中,$x$ 和 $n$ 是函数的两个输入,$n$ 是默认参数,默认值为 2。在调用函数时可以不输入默认参数,此时该参数的值为默认值,示例代码如下:

```
y1 = fun(-1, 2)
y2 = fun(-1)
print(y1, y2)
```

输出结果如下:

```
0 0
```

当前函数只能计算($x$+1)的幂次方,如果还想同时输出($x$-1)的幂次方呢?这一需求可以使用函数的多输出功能实现,示例代码如下:

```
def fun(x, n=2):
    y1 = (x+1)**n
    y2 = (x-1)**n
    return y1, y2
```

其中,return 后面的两个变量正是返回的函数值。调用时可以使用成对的中括号将多个输出括起来,示例代码如下:

```
[y1, y2] = fun(1, 3)
print(y1, y2)
```

输出结果如下:

```
8 0
```

对于多个输出的函数来说,有时是所有输出都需要,那么是否可以只输出

其中一个呢？答案是肯定的，此时无须输出的位置使用占位符"_"即可，示例代码如下：

```
[y1, _] = fun(1, 3)
[_, y2] = fun(1, 3)
print(y1, y2)
```

输出结果如下：

```
8 0
```

## 2.5.2 常用函数

一些常用的功能 Python 已经定义好，并由内置函数来实现。print()就是一个典型的内置函数，它可以将结果输出到屏幕。

删除列表的项和字典的键值时用到了函数 del()，事实上函数 del()就是一个内置函数。该函数具有删除功能，除了在列表和字典中删除特定项，它还可以直接删除变量，只要将待删除的变量作为 del 的输入即可，示例代码如下：

```
x = 1
del(x)
print(x)
```

这段代码在执行到第三行时会报错，错误信息如下：

```
NameError:'namex' is not defined
```

这说明 del(x)语句确实将变量 $x$ 删除了。

有时我们关心变量的类型，需要知道所定义的变量是什么数据类型。此时可以使用函数 type()来获取数据类型，示例代码如下：

```
x = 1
y = 1.0
L = [1, 2, 3]
T = (1, 2, 3)
D = {"a":1, "b":2, "c":3}
print(type(x), type(y), type(L), type(T), type(D))
```

输出结果如下:

```
<class'int'><class'float'><class'list'><class'tuple'><class'dict'>
```

其中,变量 x 是整型数据;变量 y 是浮点型数据;变量 s 是字符串型数据;变量 L 是列表;变量 T 是元组;变量 D 是字典。这些数据类型和结构本身又可以当作函数,将特定输入转化成相应的数据类型。例如,int 输出整型,可将浮点型转化为整型;float 输出浮点型,可将字符型转化为浮点型;list 可将字符串转化为列表;tuple 可将列表转化为元组;dict 输出字典,定义了一个字典,示例代码如下:

```
print(int(1.0),float('1'),list('abc'),tuple([1,2,3]),dict(a=1,b=2,c=3))
```

输出结果如下:

```
1 1.0 ['a', 'b', 'c'] (1, 2, 3) {'a': 1, 'b': 2, 'c': 3}
```

此外,有时我们需要知道列表、元组或者字典分别有多少项,这时可以使用函数 len()。示例代码如下:

```
print(len([0,2,4]),len((0,2,4)),
      len({'a':1,'b':2,'c':3}))
```

这三个语句块的返回值均为 3。函数 len()也可以统计字符串的长度,示例代码如下:

```
print (len('abc'))
```

这个语句块的返回值也是 3,正好是字符串'abc'的长度。
也有一些函数是数学中常用的,例如:
print(abs(-1))返回 1,实现了取绝对值的功能;
print(round (3.1415926,2))返回 3.14,表示对第一个参数进行四舍五入,保留小数点后的位数由第二个参数指定,如果想四舍五入取整,可以省略第二个参数,即 print(round(3.1415926))返回 3;
print(pow(2,3))输出 8,表示 2 的 3 次方;
print(divmod(11,3))返回元组(3,2),元组的第一项是商,第二项是余数;

print(max([2,6,8,4]))返回 8，实现了取最大值的功能；
print(min([2,6,8,4]))返回 2，实现了取最小值的功能；
print (sum([2,6,8,4]))返回 20，实现了求和的功能。

## 2.5.3 标准库与扩展库对象的导入和使用

尽管内置函数给我们提供了很多功能，但是在解决一些实际问题时还远远不够。例如，数学中还有很多常用的函数没有给出，常用的圆周率 π 也没有给出定义。这些数学中的常用函数和常量被集中封装起来，使用时只要导入即可，示例代码如下：

```
import math
y1 = math.sin(math.pi/2)
y2 = math.exp(0.0)
y3 = math.log(math.e)
y4 = math.log10(10.0)
print(y1, y2, y3, y4)
```

输出结果如下：

```
1.0 1.0 1.0 1.0
```

其中，math 是一个标准库，在安装 Python 解释器的时候就安装好了。库的导入需要使用关键词 import，如果导入多个库，可以将库名用逗号隔开，例如，"import A,B,C"。导入库以后便可以使用该库中定义好的函数和常量，使用方式为"库名.函数名"或者"库名.常量名"。例如，在 $y_1$ 的定义中，使用了 math 库的正弦函数，还使用了该库中的常量 π；在 $y_2$ 的定义中，使用了指数函数 $e^x$；在 $y_3$ 的定义中，使用了自然对数和自然对数的底数 e；在 $y_4$ 的定义中，使用了以 10 为底的对数。输出结果全部为"1.0"。

如果只想从库中引入某些函数和常量，可以用 from 配合 import 来导入特定函数或特定常量，使用时无须再引用库名，示例代码如下：

```
from math import sin, pi
y1 = sin(pi/2)
```

如果想一次性导入所有函数和变量，可以在 import 后面加星号"*"，示例代码如下：

```
from math import *
y1 = cos(pi/2)
```

其中，cos()是 math 库中的函数，使用时不再需要指定库名，且此时 math 库中的所有函数和变量均可以直接使用。但是不建议这样使用，如果引用的库较多，可能会导致名字冲突。

有时库名很长，引用库名不方便，可以使用 as 来定义别名，示例代码如下：

```
import math as m
y1 = m.sin(m.pi/2)
```

其中，m 是 math 库的别名。

还有一些库是由第三方针对某些应用开发的，这些库称为扩展库。Anaconda 可以自动管理和安装人工智能、机器学习中常用的扩展库。扩展库的使用方式与标准库无异。这里以 Numpy 为例讲述扩展库的使用方法。NumPy 是 Python 语言的一个扩展程序库，可以创建各种维度的数组，并支持对数组的增、删、维度调整等，且针对数组运算提供大量的数学函数库。使用 NumPy 前需要导入该库，常常约定俗成地取别名为 np，示例代码如下：

```
import numpy as np
```

导入库以后，可以使用该库的丰富功能。

# 第三章

# 智能计算方法

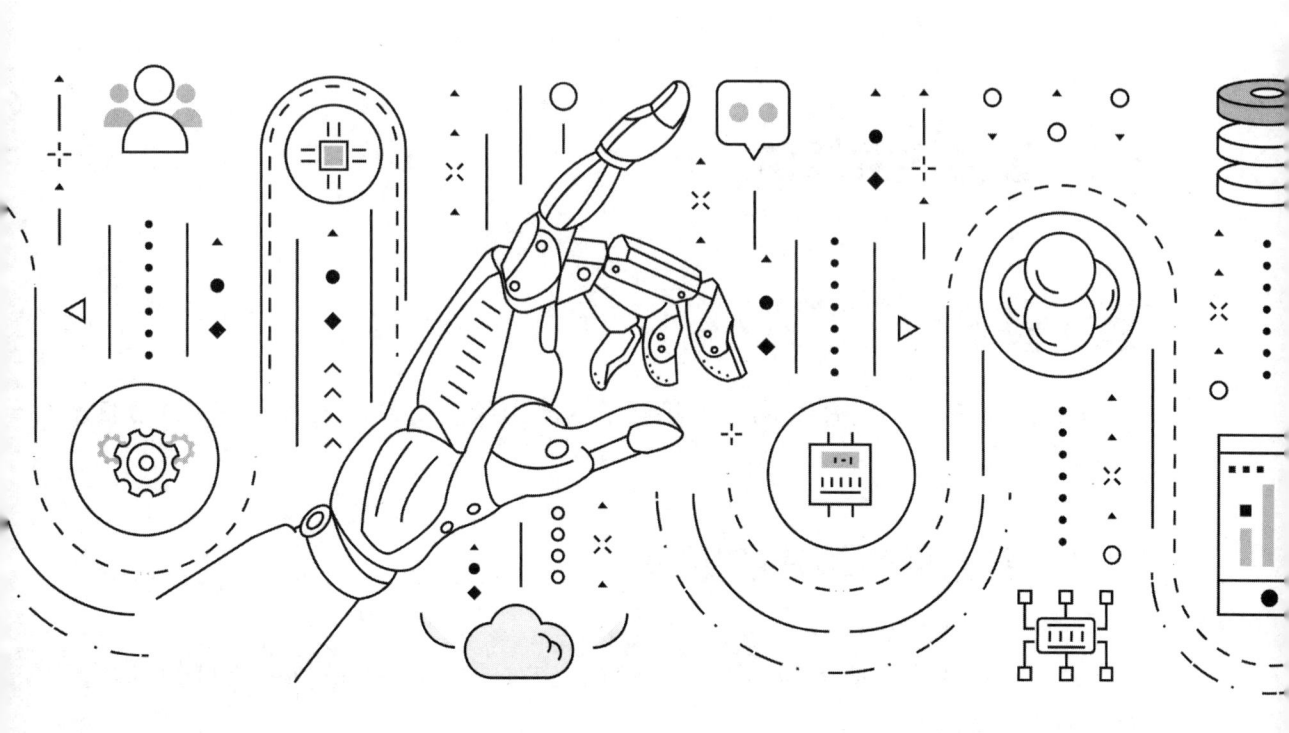

智能计算是人工智能化体系的一个分支，是人们受自然（生物界）规律的启迪，根据其原理，模仿求解问题的算法。目前，智能计算技术在神经信息学、生物信息学、化学信息学等交叉学科领域得到了广泛应用。

搜索是人工智能的一种问题求解方法。智能计算通常用来解决优化问题，例如，组合优化问题——旅行商问题、背包问题、装箱问题、作业调度问题、图着色问题、指派问题、集覆盖问题，等等。这些问题就好比求最值的实际问题：将不同的组合作为输入 $x$，确定了目标函数 $f(x)$ 后，接下来求在给定的范围内 $x$ 为何值时，才能得到最优的 $f(x)$。

最简单也是最低效的求解方法，就是去随机尝试上千个题解，并从中找出最优解，但这类问题可能存在大量的题解，以致无法对它们进行一一尝试。更有效率的方法则是以一种对题解可能有改进的方式来对其进行智能化修正。由于实际问题中组合输入与目标函数的复杂性，无论人脑还是计算机都无法很高效地找到最优解，所以在本章中我们将由浅入深地介绍解决优化这类组合问题的工具——暴力搜索算法、爬山算法、模拟退火算法、遗传算法。通过对这些算法的认识，了解并感受智能计算处理问题的优势。

## 3.1 暴力搜索算法

## 算法基础

A 跑遍了整座山的每个地方，找到了这座山的最高点。他的方法即暴力搜索算法。

### 3.1.1 暴力搜索算法的原理

暴力搜索算法是使用最多的一种算法，它的核心思想是枚举所有的可能，所以也叫枚举算法。

暴力搜索算法简单粗暴，尽可能地尝试所有的方法。打个比方，使用暴力搜索算法解决问题，就像在做选择题，将每一个选项都试一遍，总能找到正确答案。

先用数学语言来描述暴力搜索算法。在求最值的实际问题中，暴力搜索算法将所有的组合 $x_i$ 作为输入，得到相应的目标函数值 $f(x_i)$，枚举每一个目标函数值 $f(x_i)$ 后，进行比较得到最大值或最小值，如图 3-1 所示。

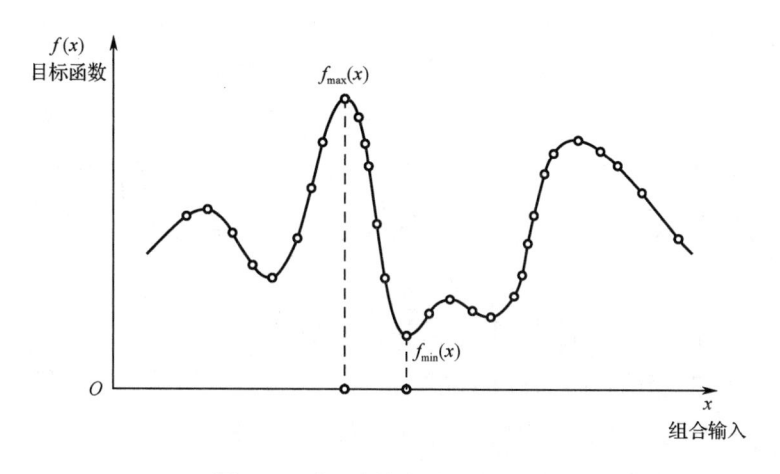

图 3-1　得到最大值或最小值

逐一求出有限个点的目标函数值 $f(x_i)$，并进行比较后，很容易得到最值及最优解。当点的个数越少时，暴力搜索算法的效率就越高，反之则越低，如图 3-2 所示。

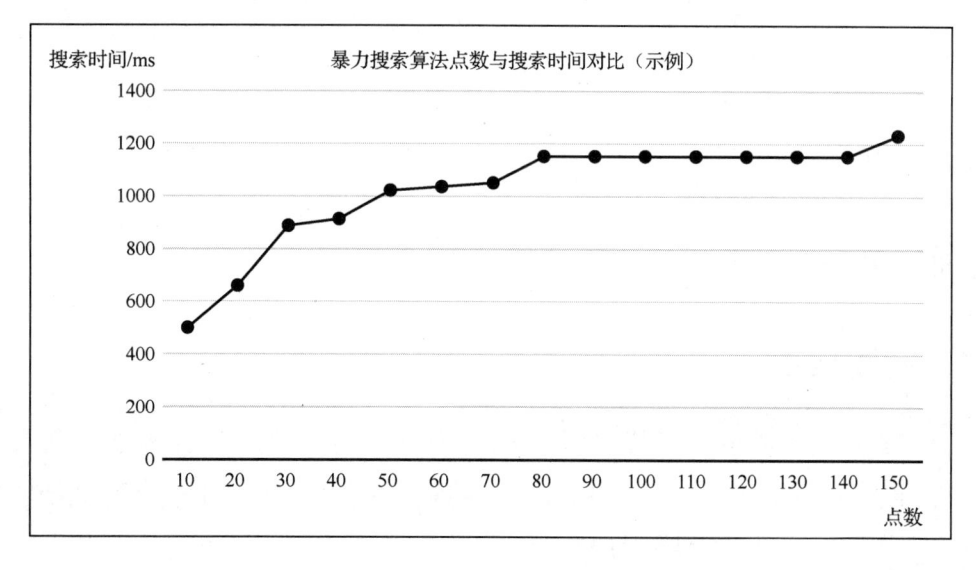

图 3-2　暴力搜索算法的效率

## 3.1.2 暴力搜索算法的优点和缺点

由于暴力搜索算法是对要解决问题的所有可能情况，一个不漏地进行检验，从中找出符合要求的答案，因此该方法是通过牺牲时间来换取答案的全面性的。目标函数值的个数如果无法穷尽，或组合输入的数量过于庞大，那么暴力搜索算法的工作将变得十分困难。虽然暴力搜索算法的运行速度很慢，但实现起来很简单，且得到的结果总是正确的。所以暴力搜索算法通常用于解决一些情况较少的问题的解，若问题规模太大，候选项数量会急剧增加，即产生组合爆炸或维数灾难。

但当所有可能的情况越多时，需要尝试的次数就会越高，所以在一般情况下，暴力搜索算法较适用于解决可能出现情况较少的问题，如图 3-3 所示，在起点到终点的问题中，暴力搜索算法解决问题时最多尝试 3 次。如图 3-4 所示，解决可能出现情况较多的问题时，则要费力许多。

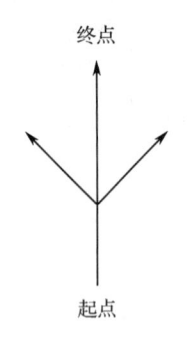

图 3-3　出现情况较少　　　　图 3-4　出现情况较多

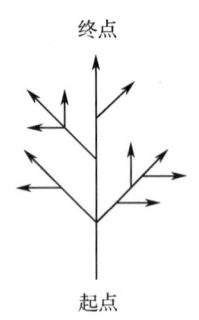

# 案例分析

### 1. 问题描述

一位攀登爱好者带着海拔测量仪和一份标注着山峰名字的地图，想要攀登福建省内最高的那座山峰，于是他决定将地图上的每一座山峰的高度都收集起来，一一比较，来确定哪座山最高。

## 2. 数据

福建部分山峰的名称及高度如表 3-1 所示。

表 3-1　福建部分山峰的名称及高度

单位：m

| 山峰 | 高度 | 山峰 | 高度 | 山峰 | 高度 | 山峰 | 高度 |
| --- | --- | --- | --- | --- | --- | --- | --- |
| 香炉山 | 1930 | 过风坳 | 1887 | 高岗 | 1487 | 背岗山 | 1859 |
| 白石顶 | 1858 | 戴云山 | 1856 | 狮子岗 | 1846 | 诸母岗 | 1835 |
| 挂墩山 | 1831 | 辰山 | 1822 | 石门山 | 1811 | 黄连孟 | 1807 |
| 石谷解 | 1803 | 石牛山 | 1782 | 梅花山 | 1778 | 庙金山 | 1755 |
| 南山顶 | 1753 | 英哥石尖 | 1716 | 峨眉峰 | 1713 | 小戴云 | 1713 |
| 棋盘山 | 1706 | 大丰山 | 1697 | 东湖尖 | 1682 | 苦笋林尖 | 1666 |
| 营盘尖 | 1664 | 大福罗 | 1659 | 九仙山 | 1658 | 山羊尖 | 1649 |
| 紫云洞山 | 1634 | 石塔山 | 1629 | 东峰尖 | 1627 | 双苗尖 | 1626 |
| 陇西山 | 1620 | 鲤鱼朝天 | 1613 | 太华尖 | 1605 | 天宝岩 | 1604 |

# 程序实现

## 1. 将收集到的数据统计成字典的形式

将收集到的数据统计成字典的形式,本书下载资料包已经完成了这一工作。程序要用到的文本数据 fjmountain.txt 可以在"人工智能代码与数据\第三章"中找到。右键单击该文档,在命令选项中选择"属性"命令,弹出如图 3-5 所示的对话框,可以看到文件位置是 C:\Users\songxy\Desktop\人工智能代码与数据\第三章,将这个位置信息填在"with open('../fjmountain.txt','r') as f:"这行代码的..处,注意将"\"改为"/"。具体位置根据实际情况修改即可。

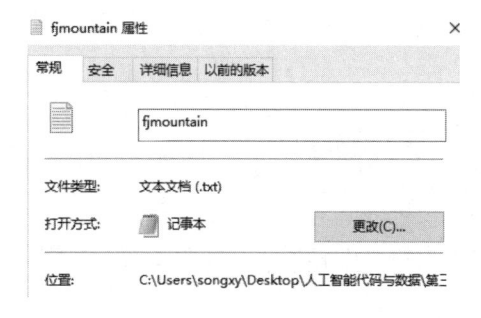

图 3-5　"fjmountain 属性"对话框

示例代码如下:

```
"""
#print(list(mountain))
def mountaincheck():
    '''
    将收集到的数据统计成字典的形式
    '''
    mountain = {}
    with open('../fjmountain.txt','r') as f:   # 将实际的位置信息填在".."处
        for e in f.readlines():
            le = e.strip()  #将头尾的空格及换行符删除
            k = le.split(' ')[0] #以中间的空格为分界点切成两段,第一段作为字典的键赋值给k,第二段作为键值赋值给v
            v = le.split(' ')[1]
            mountain[k] = v #构建字典
    f.close() #关闭文件
    #print(mountain)
    return mountain
```

## 2. 提取每座山峰的高度

示例代码如下:

```
def level():
    '''
    提取每座山峰的高度
    '''
    mountain = mountaincheck()
    high = []
    for value in mountain.values():
        high.append(value)
    #print(high)
    return high
```

## 3. 确定最大高度

使用暴力搜索算法将山峰的高度逐一比较,得出最大高度。示例代码如下:

```
def Violent_Search():
    '''
```

通过暴力搜索算法对山峰的高度逐一比较一遍，得出最大高度
'''
```python
high = level()
u = 0
for h in high:
    if float(h) > float(u):
        u = h
#print(u)
return u
```

### 4. 确定最高的山峰

通过最大高度得知是哪座山峰，示例代码如下：

```python
def main():
    '''
    通过最大高度得知是哪座山峰
    '''
    mountain = mountaincheck()
    u = Violent_Search()
    for key,value in mountain.items():
        if value == u:
            print("最高的山峰是"+key+"，它的高度为"+value+"m")

if __name__ == "__main__":
    main()
```

输出结果如下：

最高的山峰是黄岗山，它的高度为2158m

## 3.2 爬山算法

### 算法基础

B从某一个地方开始，一直往上坡走，不回头也不向下走，直到四处都是下坡时停下，这种方法就是爬山算法。

## 3.2.1 爬山算法的原理

爬山算法就是模拟爬山的过程，随机选择一个位置开始"爬山"，保证每次朝着更高（更好）的方向移动，直至到达山峰（山谷）。

实现爬山的原理是什么呢？每个状态点都在左右临近的空间中计算，将更优解作为当前解，不断反复，这样就能保证爬山的方向总是向着更高的地方。

用数学语言来描述爬山算法。在求最值的实际问题中，爬山算法根据某些规则得出随机数，将某个随机数 $x_0$ 作为输入，得到相应的初始目标函数 $f(x_0)$，接着在相邻解中寻找更优解并将其作为新解。如果当前解已经是相邻解中的最优解，则将当前解作为最终解，如图 3-6 所示。

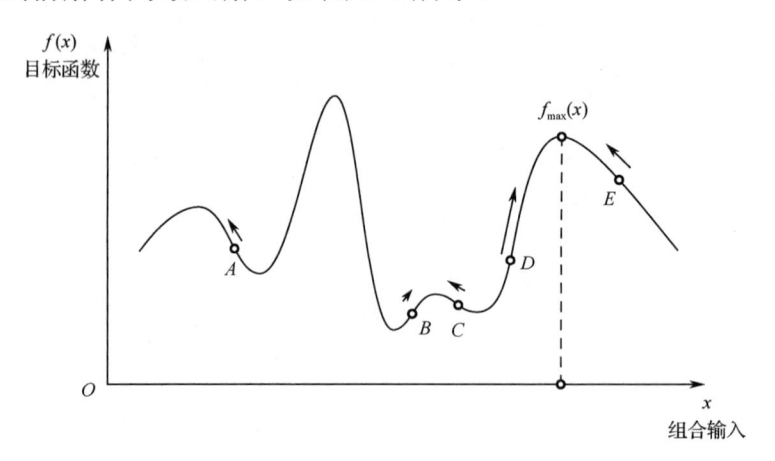

图 3-6 寻找最优解

假设有五位迷失在深山中的爬山人（随机初始解）要去最高的山峰求救。图 3-6 中的箭头代表了"爬山"的方向。依据规则，不久他们都将会到达各自的山峰，显而易见，只有位于点 $D$ 和点 $E$ 的爬山人能到达较高的山峰，且这一山峰不一定是深山中最高的那一个。

## 3.2.2 爬山算法的优点和缺点

爬山算法建立在随机搜索算法的基础上选择初始解，能否得到全局最优解取决于初始点的位置。爬山算法是对随机搜索算法的一种改进，利用了随机解。

但一山更比一山高,"最终解"登上山峰后,望见那个更高的山峰却不会再下山重新攀登,这是爬山算法的困境,有可能"最终解"只是"局部最优解"。结合随机搜索算法,可以得到一组局部最优解,通过比较得到较好的局部最优解。由上可知,爬山算法可以得到函数的极值,但极值不一定是整个函数的最值。

## 案例分析

### 1. 问题描述

还是同一个登山爱好者,这一次他选择了一片未知山脉,想要攀登到最高峰,他带了海拔测量仪和一张白纸,于是他随机选择了一块区域进行攀登,当他看到视野内有一座更高的山时,他便跑去爬那座山,直到他的视野里不能再看到更高的山峰时,他认为他所在的山峰即是最高的。(由于视野的限制,他选择了他登过山峰中最高的那一座,但不确定是否为这片未知山脉的最高峰。)

### 2. 数据

未知山脉的高度及随机区域的横纵坐标如表 3-2 所示。

表 3-2　未知山脉的高度及随机区域的横纵坐标

单位:m

| 高度 | 横坐标 | 纵坐标 | 高度 | 横坐标 | 纵坐标 | 高度 | 横坐标 | 纵坐标 |
|---|---|---|---|---|---|---|---|---|
| 1689 | 80 | 54 | 1343 | 63 | 59 | 2373 | 81 | 0 |
| 1203 | 82 | 39 | 2474 | 39 | 12 | 1959 | 79 | 29 |
| 2147 | 73 | 95 | 1607 | 31 | 66 | 2427 | 59 | 83 |
| 1520 | 17 | 6 | 1071 | 66 | 82 | 2497 | 50 | 81 |
| 2371 | 22 | 12 | 1778 | 29 | 38 | 1930 | 2 | 22 |
| 1296 | 38 | 57 | 1515 | 28 | 82 | 1578 | 80 | 72 |
| 1883 | 100 | 65 | 2317 | 50 | 29 | 1510 | 45 | 66 |
| 1129 | 84 | 0 | 1290 | 44 | 59 | 1211 | 46 | 6 |
| 1407 | 75 | 69 | 2028 | 88 | 3 | 1627 | 6 | 81 |
| 1885 | 78 | 46 | 1445 | 53 | 22 | 1730 | 23 | 15 |

## 程序实现

### 1. 将收集到的数据统计成字典的形式

程序要用到的文本数据 shanmai.txt 可以在人工智能代码与数据\第三章中找到，将数据导入并转换成3个列表，分别表示山脉的高度（high）、横（$x$）、纵（$y$）坐标。示例代码如下：

```
high = []
x = []
y = []
with open('../shanmai.txt','r') as f:
        for e in f.readlines():
                le=e.strip() #将头尾的空格及换行符删除
                #以中间的空格为分界点切成 3 段，第一段的值添加到 high
列表中，第二段同理赋值给 x，第三段赋值给 y
                high.append(le.split( )[0])
                x.append(le.split( )[1])
                y.append(le.split( )[2])
f.close() #关闭文件
#将赋值完成的三个列表中的元素由字符串形式转换成整型数值形式，便于后面的计算
high = list(map(int,high))
x = list(map(int,x))
y = list(map(int,y))
```

### 2. 利用绘制图库描绘出地图及坐标

示例代码如下：

```
#导入画图库，并绘制出一个三维曲面图和二维散点图
import matplotlib.pyplot as plt
fig = plt.figure()
ax = fig.add_subplot(1,1,1, projection='3d')
ax.plot_trisurf(x,y,high) #三维曲面图
ax.scatter(x,y) #二维散点图
```

### 3. 找到最高的山峰

利用爬山算法的思想，先随机选取一个地点，寻找该点附近的地理坐标上

的最高峰，并以最高峰所在的地理位置作为下一次的定点，再次寻找在该顶点附近的最高峰，以此类推，直到附近的山峰没有比自己脚下的山峰更高的时候停止。此时认为脚下的山峰就是最高的。示例代码如下：

```python
import random
import math
tand = []
def find():
    dis = 0
    #随机选取坐标点
    ex = random.randint(20,80)
    ey = random.randint(20,80)
    #通过无限循环进行判断
    while True:
        for i in range(len(x)):
            distance = math.sqrt((x[i]-ex)**2+(y[i]-ey)**2)
            #计算点与点之间的欧氏距离
            if distance > 0 and distance <= 10:
                #模拟登山爱好者的视野范围
                tand.append(i)
        hig = []
        for e in tand:
            #将某点附近登山爱好者所看到的山峰的高度都集合起来
            hig.append(high[e])
        b = hig.index(max(hig))   #寻找到视野范围内的最高峰
        u = tand[b]
        ex = x[u] #将视野范围内的最高峰作为下一次循环的中心点，以此类推，不断找到更高峰
        ey = y[u]
        #当视野内的最高峰就是自己脚下这座山峰时，便停止寻找，否则就以此山峰的高度作为基础，继续寻找下一座高峰
        if dis != high[u]:
            dis = high[u]
        else:
            break
    return u
```

## 4. 显示出此时所在位置的地理坐标及山峰的高度

示例代码如下：

```python
def main():
```

```
        z = find()
        h = high[z]
        print("坐标：({},{})".format(x[z],y[z]))
        #输出登山爱好者认为的最高峰所在的坐标位置
        print("这里可能就是这山脉的最高峰！它有"+str(h)+"米高")
        #输出此时山峰的高度
        ax.scatter(x[z],y[z],c = 'k',marker = '*',s = 200)
        #绘制出登山爱好者所在山峰的位置
        plt.show()

if __name__ == "__main__":
    main()
```

输出结果如下：

```
坐标：(39,12)
```

如图 3-7 所示，这里可能就是这段山脉的最高峰，它有 2474m 高。

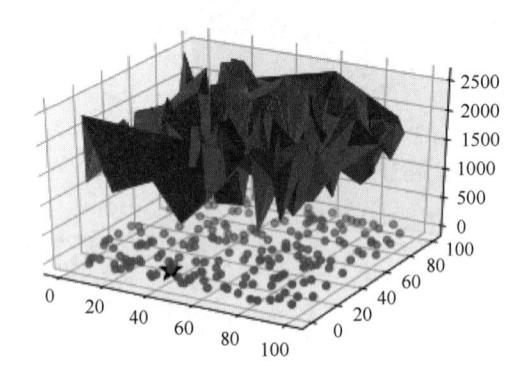

图 3-7　这段山脉最高峰示意图

**注意**：由于最初选取的地点是随机的，因此输出结果不唯一。

## 3.3　模拟退火算法

### 算法基础

今天 C 在山上无序地行走，能感觉到这座山的部分面貌，觉得自己可能到达了山的最高点。过一天 C 又去了一趟，好像发现了更高的最高点，就这样过去好多天，他觉得自己已经清楚了整座山的地形，并且确定了自己认为的山的最高点，这就是模拟退火算法。

## 3.3.1 模拟退火算法的原理

爬山算法容易陷入局部最优，为何不"越过山丘"（极值）寻找更高的山峰（最值）呢？使用模拟退火算法可以有效地避免陷入局部最优的情况发生。

模拟退火算法是受物理学领域启发而产生的一种优化算法。在合金加热后慢慢冷却的过程中，大量的原子因为受到激发而向周围跳跃，然后又逐渐稳定在一个低能阶的状态，所以这些原子能够找到一个低能阶的配置。

以解决旅行商问题为例，对比金属退火过程与旅行商问题，来感受其中的相似性，如表 3-3 所示。

表 3-3 金属退火过程与旅行商问题的比较

|  | 金属退火过程 | 旅行商问题 |
| --- | --- | --- |
| 目标 | 能量最低 | 路径最短 |
| 影响因子 | 分子排布 | 城市排布 |
| 过程 | 高温熔解 | 设定初始温度 |
|  | 等温过程 | 随机抽样过程 |
|  | 冷却 | 控制参数的下降 |
| 结果评价 | 以能量值衡量 | 关于路径的目标函数 |

将退火工艺的灵感应用到优化算法中，即以一个问题的随机解开始的模拟退火算法，爬山算法则是完完全全的贪心算法，每次都一叶障目地选择一个当前最优解，因此只能搜索到局部最优解。模拟退火算法其实也是一种贪心算法，但是它的搜索过程引入了随机因素。模拟退火算法以一定的概率来接受一个比当前解要差的解，因此有可能会跳出这个局部最优解，达到全局最优解，如图 3-8 所示。

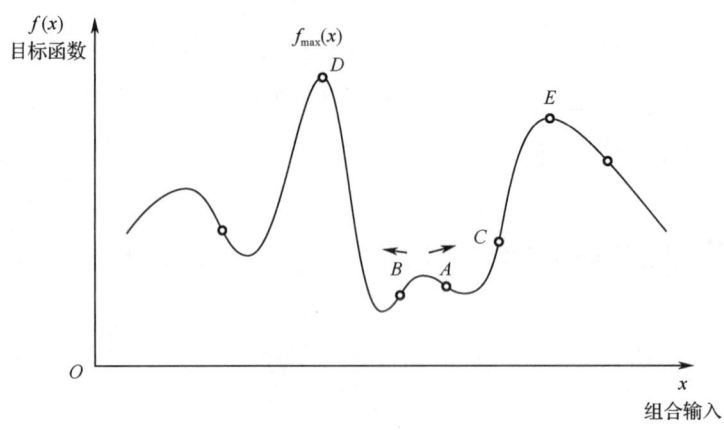

图 3-8　模拟退火算法

模拟退火算法使得点 $A$ 既可能选择更好的解，也可能选择较差的解，于是可能经过点 $B$ 后到达最高点 $D$，也可能经过点 $C$ 后到达点 $E$。

模拟退火算法会根据温度计算概率，这一温度开始时非常高，然后逐渐变低。每一次迭代期间，随机选中题解中的某个数字，朝某个方向变化。如果新解更优，则用新解替换当前解，这一做法与爬山算法非常相似。但如果新解较差时，仍有一定的概率成为当前解，接受差解的概率受温度的影响。概率 $p$ 的求解公式为：

$$p = e^{\left(-\frac{\text{highcost}-\text{lowcost}}{T}\right)}$$

这个公式说明模拟退火算法会在开始阶段有可能接受表现较差的解。其中，highcost 和 lowcost 之间的差指的是相邻解的目标函数值差，随着退火过程的不断进行，$T$ 不断减小，算法越来越不可能接受较差的解，直到最后，它只会接受更优的解。当 $T$ 不断减小时，目标函数差值越来越重要，差异越大，被接受的概率就越低。

## 3.3.2　模拟退火算法的优点和缺点

模拟退火算法是一种随机算法，其求得的解与初始解的状态无关，具有一定的鲁棒性，虽然并不一定能找到全局最优解，但如果参数设置合理，其效率会比暴力搜索算法高。由于模拟退火算法可以有效地避免陷入局部最优解并最终趋于全局最优解，所以结果比爬山算法更有保证。它的缺点在于参数的调整相对比较困难，因此速度过快时很容易错失最优解。

## 案例分析

登山爱好者这次准备去超市采购物品，他带了一个能负重8kg的背包，他想要购买的物品及其价格和质量如下：

面包16元（1kg）　　　苹果18元（2kg）　　　一箱牛奶31元（2kg）
保温杯29元（0.5kg）　一包面巾纸17元（0.6kg）
沐浴露23元（0.8kg）　洗衣液26元（2.5kg）

如何能使背包装的物品的价值达到最大？请使用模拟退火算法编写程序。

## 程序实现

### 1. 设置数值及初始值

示例代码如下：

```
import random
import math
import numpy as np
#global 强调全局变量，即当有函数内部变量引用时，写global可以修改其值而不报错
global m,C #m个物品，背包容量为C
global time,balance #time为迭代次数，balance为平衡次数
global best,T,af #best记录全局最优解，T为温度，af为退火率
m = 7 #物品数
C = 8 #背包承载量
T = 200.0 #初始温度
af = 0.95 #退火速度
time = 10 #迭代次数上限
balance = 10 #平衡次数
best_way = [0]*m #best_way记录全局最优解方案
now_way = [0]*m #now_way记录当前解方案
weight = [1,2,2,0.5,0.6,0.8,2.5] #物品质量
value = [16,18,31,29,17,23,26] #物品价格
name = ['面包','苹果','牛奶','保温杯','面巾纸','沐浴露','洗衣液']
```

## 2. 赋值函数

示例代码如下：

```python
def cop(a,b,le):  #赋值函数把b数组的值赋值给a数组
    for i in range(le):
        a[i] = b[i]
```

## 3. 计算背包的价值及质量

示例代码如下：

```python
def value_of_items(x):  #计算背包价值
    global C,wsum
    vsum = 0
    wsum = 0
    for i in range(m):
        vsum += x[i]*value[i]   #计算价值
        wsum += x[i]*weight[i]  #计算质量
    return vsum
```

## 4. 产生一个随机解

示例代码如下：

```python
def random_solution():  #初始产生随机解
    while True:
        for k in range(m):
            #随机选择物品，若选中了某物品，则该物品在now_way列表中对应的位置元素为1，否则为0
            if(random.random() < 0.5):
                now_way[k] = 1
            else:
                now_way[k] = 0
        value_of_items(now_way)
        if(wsum < C):
            break  #当随机选择的物品总质量小于或等于背包容量时即可输出
    global best
    best=value_of_items(now_way)  #计算此时的物品总价值，并作为当前的最高价值
```

```
        cop(best_way,now_way,m)  #将随机选择的物品选择作为当前最佳选择
```

## 5. 将函数初始化

模拟退火算法的第一步是将用到的各函数初始化。
示例代码如下：

```
def init():  #初始化函数
    global best,T
    best = 0
    random_solution()  #产生初始解
```

## 6. 通过取出或放入物品来模拟邻域解

示例代码如下：

```
def get_out(x):  #随机将背包中已经存在的物品取出
    while True:
        ob = random.randint(0,m-1)  #随机选择一个位置
        if(x[ob] == 1):
            x[ob] = 0
            break

def put_in(x):  #随机放入背包中不存在的物品
    while True:
        ob = random.randint(0,m-1)
        if(x[ob] == 0):
            x[ob] = 1
            break
```

## 7. 迭代函数

使用迭代函数更新最优解，并能以一定的概率接受劣解。
示例代码如下：

```
def slove():  #迭代函数
    global best,T,balance
    test = [0]*m
    now = 0  #当前背包价值
    for i in range(balance):
        now = value_of_items(now_way)  #当前价值
```

```
            cop(test,now_way,m)
            ob = random.randint(0,m-1)  #随机选取某个物品
            if(test[ob] == 1):
                put_in(test)
                test[ob] = 0  #在背包中则将其拿出，并加入其他物品
            else:  #不在背包中则直接加入或替换掉已在背包中的物品
                if(random.random() < 0.5):
                    test[ob] = 1
                else:
                    get_out(test)
                    test[ob] = 1
            temp = value_of_items(test)  #变换后的价值
            if(wsum > C):
                continue  #非法解则跳过
            if(temp > best):
                best = temp
                cop(best_way,test,m)  #更新全局最优解
            if(temp > now):
                cop(now_way,test,m)  #直接接受新解
            else:
                g = 1.0*(temp-now)/T
                if(random.random() < math.exp(g)):  #概率接受劣解
                    cop(now_way,test,m)
```

## 8. 输出对应物品的名称

示例代码如下：

```
def name_of_items():
    best_name = []
    for i in range(m):
        if best_way[i] == 1:
            best_name.append(name[i])
    return best_name
```

## 9. 寻找最优解

开始对最优解进行迭代更新，并通过温度降低（即 $T$ 减小）进行冷却控制，直到出现最优解，并输出最优解所对应的价格及物品的名称。

示例代码如下：

```
if __name__ == "__main__":
    init()
    isGood = 0
    for i in range(time):
     slove()
     T = T*af  #温度下降
    print('背包内总价值为:'+str(best)+"元")
    best_name = name_of_items()
    print('背包内物品:',best_name)
```

输出结果如下：

背包内总价值为：142 元
背包内物品：['面包','牛奶', '保温杯','面巾纸','沐浴露','洗衣液']

## 3.4 遗传算法

### 算法基础

从前有一群袋鼠，它们零散地分布在喜马拉雅山脉。喜马拉雅山脉海拔低的地方弥漫着一种毒气，海拔越高毒气越稀薄，但袋鼠们对此全然不觉，还是习惯性地四处活蹦乱跳。于是不断有袋鼠死于海拔较低的地方，而越是在海拔高的地方的袋鼠活得越久，也越有机会繁衍后代。就这样经过许多年，袋鼠们竟然不自觉地都聚拢到了高处的山峰上。

这是一个"物竞天择，适者生存"的故事。我们需要思考的是，这些袋鼠是如何聚拢到山峰上的呢？这一思考启发了另一种优化算法——遗传算法。遗传算法是一类借鉴生物界自然选择和自然遗传机制的随机搜索算法，非常适用于处理传统搜索算法难以解决的复杂问题和非线性优化问题。

### 3.4.1 遗传算法的原理

#### 1. 染色体

染色体决定了"生物"的特征和适应环境的能力。放在某个具体问题中时，一条染色体就是解决该问题的一个可选方案。例如，在旅行商问题中，一条染色体可以表示为一条可行路线。在遗传算法中，将一个可行解映射为一条"染色体"。一个可行解一般由多个元素构成，那么这每一个元素就被称为染色体上的一个"基因"，如图3-9所示。

| 1 | 2 | 3 | 4 | 5 |

图3-9　染色体

### 2. 基因池

基因池是指基因的可选择范围，可以类比为函数的定义域。当某些基因超出可选范围时，这样的基因就不属于基因池，不会出现在遗传算法过程中。假设我们研究猴子的遗传病时，有只猴子的个别基因突变成了人类的基因，那得到的结果对于猴子来说就没有研究意义了。

### 3. 适应性函数

适应性函数是遗传算法的核心。它决定了什么样的生物才算适应环境，是筛选优势物种的过滤网。染色体输入到适应性函数中，函数就会输出染色体对环境的适应程度。我们用适应度这个量化概念来描述、衡量染色体对环境的适应程度。

### 4. 选择

就像自然界中一样，每个生物都有繁衍后代的可能性。越是适应环境的染色体，存活下来的可能性就越大。所以适应度越高的物种的染色体，越有可能被选择。例如，轮盘赌选择算法，即将轮盘划分几个区域，每个区域代表一个物种，给轮盘装上一个指针，转动指针会随机指向某个区域，就选择该区域代表的物种的染色体来繁衍。适应度越高的物种，在轮盘中所占的区域面积越大，被选择的可能性越大。

### 5. 交叉

交叉就是染色体之间的基因交换。交叉行为决定一个染色体的断裂位置，同组染色体想要进行等效交换，其断裂点一定相同。每个染色体断裂成两段之后，交换其中一段，从而产生新的染色体，染色体之间的交叉如图3-10所示。

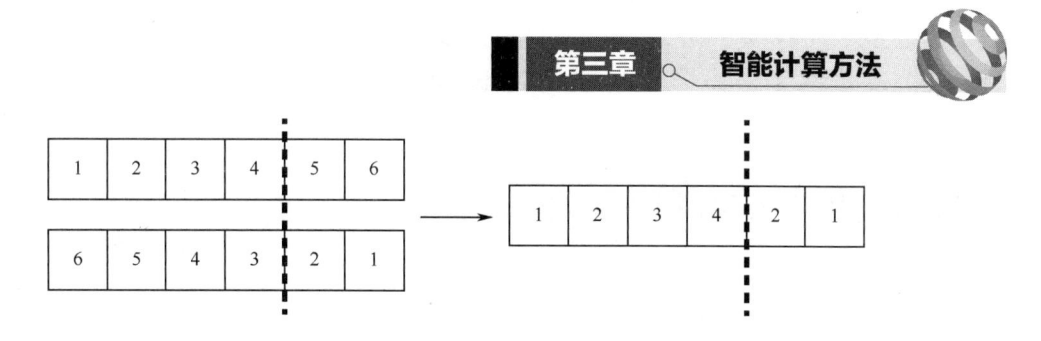

图 3-10　染色体之间的交叉

## 6. 变异

无论怎么交叉选择，种群当中的染色体组合方式都是有限的，因为基因从整体上没有变化（很多基因池中的基因，都未曾出现在这个种群中）。也就是说，很多基因组合都不可能出现，那么就只能选择出这个种群中最有优势的染色体（局部最优解），而找不到真正的最优染色体（全局最优解），我们称这种现象为收敛。为了阻止这种情况发生，就需要让种群中的染色体变异。变异的过程就是染色体上的某个基因变成基因池里的另一个基因。也许变异看上去是微不足道的，但是生物界的进化正是由这一点一点微不足道的变异叠加，才进化出了更加高级的物种。与模拟退火算法类似，在初始化过程中需要设置一个变异概率，变异概率越高，进化越快。但变异往往是有害的，特别是在物种繁衍了多代之后，种群的平均适应度越高，变异有害的概率越大，染色体的变异如图 3-11 所示。

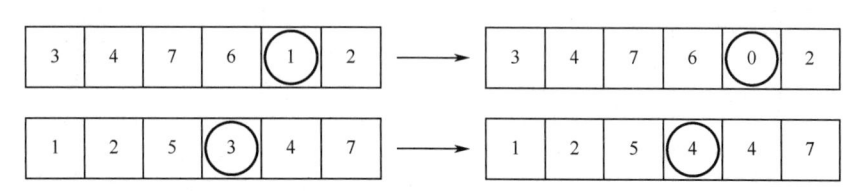

图 3-11　染色体的变异

在算法初始阶段，随机生成一组可行解，也就是第一代染色体。然后采用适应度函数分别计算每一条染色体的适应程度，并根据适应程度计算每一条染色体在下一次进化中被选中的概率。

通过"交叉"，生成"$N$-$M$"条染色体；再对交叉后生成的"$N$-$M$"条染色体进行"变异"操作；使用"复制"的方式生成 $M$ 条染色体。到此为止，$N$ 条染色体生成完毕。分别计算 $N$ 条染色体的适应度和下次被选中的概率。这就是一次进化的过程，接下来再进行新一轮进化。

## 3.4.2 遗传算法的优点和缺点

遗传算法可以实现多个个体并行比较的能力，过程中采用概率机制进行迭代，具有随机性，扩展能力有限，适合与其他算法相结合使用。

遗传算法的编程实现比较复杂，首先需要编码，在找到最优解后还需要解码，也不能及时利用网络的反馈信息，所以搜索的速度相对较慢，且算法对初始种群的规模和选择具有一定的依赖性。

## 案例分析

登山爱好者这次准备去超市采购物品，他带了一个能装 8kg 的背包，他想要购买的物品及其价格和质量如下：

面包 16 元（1kg）　　苹果 18 元（2kg）　　一箱牛奶 31 元（2kg）
保温杯 29 元（0.5kg）　一包面巾纸 17 元（0.6kg）
沐浴露 23 元（0.8kg）　洗衣液 26 元（2.5kg）

如何能使背包里装的物品的价值达到最大？请使用遗传算法编写程序。

## 程序实现

### 1. 设置数值

示例代码如下：

```
m = 7 #物品数
C = 8 #背包承载量
n = 60 #种群规模，种群过小容易失去最优解
weight = [1,2,2,0.5,0.6,0.8,2.5] #物品质量
value = [16,18,31,29,17,23,26] #物品价格
name = ['面包','苹果','牛奶','保温杯','面巾纸','沐浴露','洗衣液']
```

### 2. 初始化

初始化函数的数值，通过随机函数生成第一代染色体群。

示例代码如下：

```
'''
构造染色体
设置群体规模
计算各群体的总价值，得到平均值，获得每个种群的比例，通过随机值的选择来确
定更新的种群染色体
使用随机概率来确定参加交配的种群
确定交配的个数进行交配
依据随机概率进行变异
得到变异后的种群
重新计算价值
更新最优解
判断结束条件
'''
import random
#初始化，得到n个种群的染色体，一个染色体即一种选择物品的方案
def construct_chromosome():
    chromosome_state = []
    for i in range(n):
        now_way = [0]*m #now_way记录当前解方案
        for e in range(m):
            #概率构造染色体
            if random.random() > 0.5 :
                now_way[e] = 1
            else:
                now_way[e] = 0
        chromosome_state.append(now_way)
    return chromosome_state
```

## 3. 计算组合的价值及质量

示例代码如下：

```
#计算一个染色体的价值
def value_all(lis):
    v = 0
    for i in range(m):
        v += value[i]*lis[i]
    return v


#计算一个染色体的质量
def weight_all(lis):
```

```
w = 0
for i in range(m):
    w += weight[i]*lis[i]
return w
```

## 4. 计算满足背包容量条件下的当前最优解

示例代码如下:

```
#评价适应值,得到当前的最优解、最优解的组合形式
def best_value(x):
    best_v = []
    best_w = []
    best_value = [0]*n
    for i in range(n):
        best_v.append(value_all(x[i]))      #计算每种方案的价值
        best_w.append(weight_all(x[i]))     #计算每种方案的质量
    for e in range(len(best_v)):
        #筛选背包质量,其在背包容量范围内的方案才可用于计算最优解
        if best_w[e]<C:
            best_value[e] = best_v[e]
    best_n = max(best_value)  #找到当前方案内价值最大的即为当前最优解
    q = best_value.index(best_n)  #定位最优解所在的位置
    return best_n,x[q]
```

## 5. 计算种群占比

计算各种群占比,用于轮盘赌选择算法中划分区域。

示例代码如下:

```
#计算染色体价值与群体所有价值总和之比
def means():
    mean_m = []
    summ = 0
    cs = construct_chromosome()
    for q in range(len(cs)):
        summ += value_all(cs[q])  #将所有染色体价值相加
    for qi in range(len(cs)):
        mean_m.append(value_all(cs[qi])/summ)  #计算各染色体占比
    return mean_m
```

## 6. 遗传选择

采用轮盘赌选择算法，使较优的染色体所占比例较大，被选择的概率就相对较大。

```
#遗传重点1：选择算子
def choice(chromosome_state_now):
    chromosome_state_new = []
    means_m = means()
    #轮盘赌选择
    for q in range(len(chromosome_state_now)):
        test = random.random() #每个染色体一个随机数
        for e in range(1,len(means_m)+1):
            if  test - sum(means_m[0:e]) <= 0 and test - sum(means_m[0:e-1]) > 0:
                chromosome_state_new.append(chromosome_state_now[e-1])
                    #作用：将各染色体的占比分布在一个圆盘上，使用函数test()来模拟轮盘指针，指到哪个区域，则那个区域所属的染色体代替原染色体
    return chromosome_state_new
```

## 7. 遗传交配

使用概率决定染色体是否进行交配，当参与交配的染色体个数为奇数时，选择一个进行倒位交配处理，其余染色体进行一一交配，选择一个有效的交配位置，将两个染色体的后几位基因进行交换，从而产生子代染色体，构成新的种群（新的种群的规模与原种群规模一样）。

```
#遗传重点2：交配算子
def crossover(chrom):
    cross = []
    cross2 = []
    cross_next = []
    test2 = 0.9 #设置交配概率
    for e in range(n):
        cross.append(random.random()) #设置每个染色体的概率
    for q in cross:
        p = cross.index(q)
```

#当染色体的概率比交配概率小时，该染色体参加交配，否则直接作为子代染色体
```
        if q > test2:
            cross_next.append(chrom[p])
        else:
            cross2.append(chrom[p])
            #当参加交配的染色体数量为奇数时，将第一个染色体单独进行倒位处理，并剔除出交配群体
    if len(cross2)%2 != 0:
        _p = cross2[0]
        cross2.pop(0)  #剔除方式1
        p_new = _p[::-1]
        cross_next.append(p_new)  #进行自我倒位
    #将第1位与第2位染色体交配、第3位与第4位染色体交配，以此类推
    while (len(cross2) > 0):
        u = random.randint(0,5)  #随机产生一个有效的交配位置
        p1 = cross2[0]
        p2 = cross2[1]
        p_n1 = p1[:u] + p2[u:]  #将交配位置之后的基因相互交换实现交配
        p_n2 = p2[:u] + p1[u:]
        cross_next.append(p_n1)
        cross_next.append(p_n2)
        cross2.remove(p1)  #剔除方式2
        cross2.remove(p2)
    return cross_next
```

## 8. 遗传变异

染色体可能会发生变异，模拟变异现象，设置变异概率，当染色体概率低于变异概率时，则该染色体发生变异，随机设置变异的位置。

示例代码如下：

```
#遗传重点3：变异算子
def mutation(mutat):
    test3 = 0.1  #设置变异概率
    for e in range(n):
        q = random.random()  #设置每个染色体概率
        #当染色体概率低于变异概率时，进行变异操作
        if q < test3:
            for_muta = mutat[e]
```

```
            u = random.randint(0,6)  #随机选择变异基因的位置
            for_muta[u] = 1-for_muta[u] #进行改变，即 0->1,1->0
    return mutat
```

## 9. 输出最优解组合对应的物品名称

示例代码如下：

```
#输出最优解组合对应的物品名称
def name_of_items(x):
    best_name = []
    for i in range(m):
        if x[i] == 1:
            best_name.append(name[i])
    return best_name
```

## 10. 构造主函数

通过主函数先进行第一代的适应值评价及遗传，当后代的适应值更高时，则替代原最优解，输出最优解（物品组合）及其适应值（背包内总价值）。

示例代码如下：

```
def main():
    #先实行初始化及第一次更新
    co = construct_chromosome()
    ch = choice(co)
    cr = crossover(ch)
    mu = mutation(cr)
    best_now,x_now = best_value(co)
    new,x_new = best_value(mu)
    i = 0
    #开始之后的迭代
    while True:
        ch = choice(mu)  #选择
        cr = crossover(ch)  #交叉
        mu = mutation(cr)  #变异
        new,x = best_value(mu)
        #最优解更新
```

```
            if new >= best_now:
                best_now = new
            i+=1
        #最优解更新10次后输出结果
            if i >= 10:
                best_name = name_of_items(x)
                print('背包内总价值为：'+str(new)+"元")
                print('背包内物品：',best_name)
                break
    return new

if __name__ == "__main__":
    main()
```

输出结果如下：

```
背包内总价值为：142元
背包内物品： ['面包','牛奶','保温杯','面巾纸','沐浴露','洗衣液']
```

# 第四章

# 经典机器学习

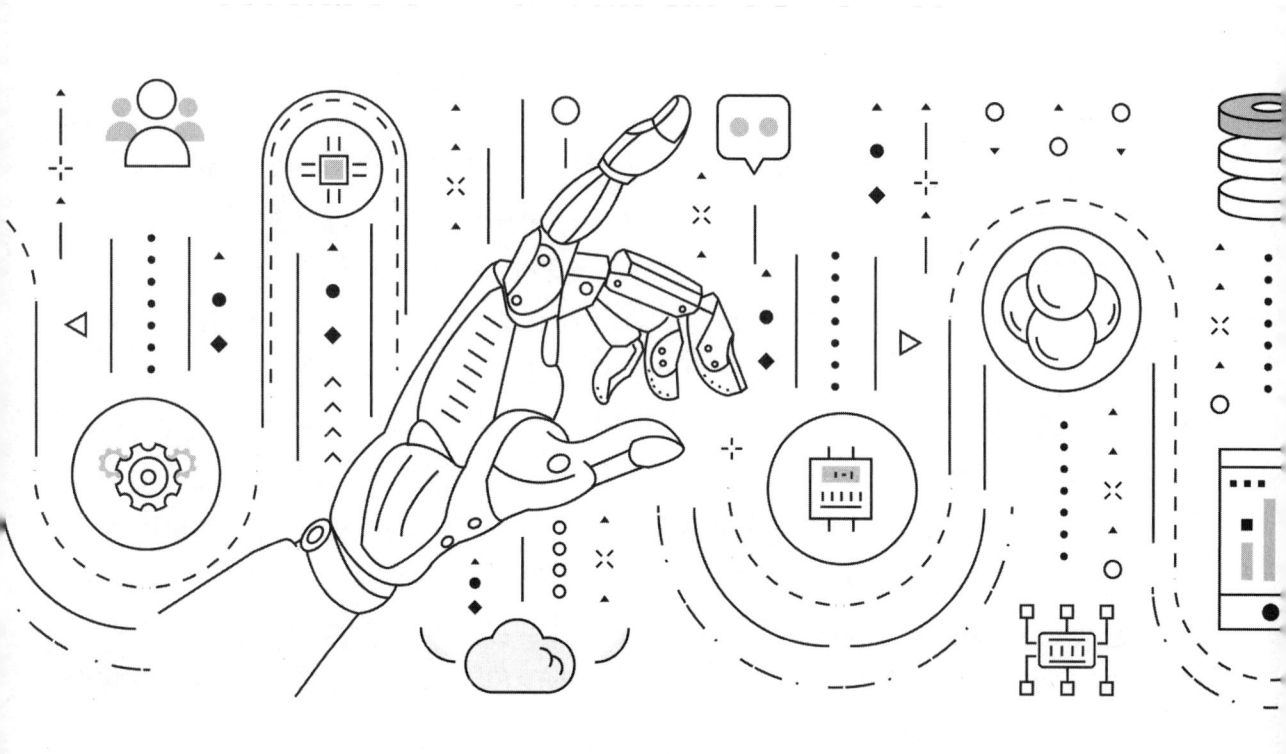

## 4.1 小明识数

小明的爸爸在完成一项工作时需要不停地读取 10 以内的阿拉伯数字,他无意间看到 2 岁的小明在地上乱跑,计上心来。于是爸爸给妈妈安排了一个任务:教小明识数。

小明妈妈拿出一张印有数字 0 的卡片,告诉小明中间空洞、四周封闭形状的是"0",然后拿出印有数字 1 的卡片,说这个像一根筷子立起来的是"1"……经过反复训练,小明能够认识阿拉伯数字了。于是小明爸爸想验证一下妈妈的成果,他在纸上写了一个比较规范的数字 **2**,让小明说出是几。小明在脑海中搜寻学过的阿拉伯数字,发现这个手写数字跟妈妈描述的卡片 2 最接近,于是小明小声回答"2"。爸爸赞许地点点头。当爸爸写出一个比较潦草的数字 **9** 时,小明大声说出了"9"。小明爸爸向妈妈反馈了这一情况,指出小明认识数字的能力尚不能达到自己的要求。

小明妈妈总结了一下,发现小明无法认识比较潦草的手写体的原因有两方面:一方面在于教给小明的数字不够多样,另一方面也在于给小明描述的数字特征不够准确。于是,在接下来的训练中,小明妈妈除了进一步修改对数字的描述之外,还通过各种形状的手写体样本逐步强化小明的认知,在"错误——纠正——错误——纠正"的不断反复中,小明认识数字的能力逐步增强。妈妈会定期对小明进行一次测试,据此判断小明对手写数字的掌握程度是否达到了爸爸的要求。如果不达标,妈妈会根据小明的错误情况,调整下一步的学习策略;如果达标,妈妈会停止训练。最后的测试发现小明除了能够认识常规的手写数字之外,对外国人写的数字 **7** 也能准确识别。小明妈妈对此很满意,决定停止训练,并且告诉小明爸爸,小明可以胜任工作了。为了评估小明的识数能力,爸爸专门搜集了各种各样的手写体数字,对小明进行终极测试。在小明能够认对 98%的手写字体的情况下,爸爸决定让小明投入工作。在工作中,不断有新的手写体数字出现,小明要给出这些数字的识别结果。

那么,如果想让机器(计算机)像小明一样识别阿拉伯数字,是否能够借鉴小明的学习过程呢?

## 第四章 经典机器学习

机器学习正是这样一门学科，它致力于研究如何通过计算手段，利用经验来改善系统自身的性能。机器学习算法可以从已知的数据（即样本）中学习数据隐藏的规律（即模型），运用这些规律，当给定某些输入时，可以预测出结果。正如小明识数一样，他从妈妈那里掌握了大量经验数据并从中学到了数字的规律，利用这些规律，当爸爸再次给出新的手写数字时，即使是以前没有接触过的外国人写的数字，小明也能准确辨认。

小明识数的故事蕴含了机器学习中的一些概念和术语。那些"数字卡片"叫作样本；样本组成的集合叫作样本集；妈妈用来教小明的那些样本组成的集合叫作训练集；妈妈对小明进行阶段性测试用的样本集叫作验证集；学习结束时，妈妈为了检测小明的学习成果，对小明进行测试的样本集叫作测试集；为了提高学习效率，小明妈妈对样本赋予特征，例如，"中间空洞、四周封闭""像立起来的筷子" 这样的描述词语叫作特征；在第一次学习过程中，由于使用的样本太少，对样本特征的描述不够准确，小明无法认识其他类型的数字，这叫作"泛化能力不足"；通过增加样本，小明最终能够准确辨认包括外国手写体在内的数字，即泛化能力有了大幅提升；不断重复执行"错误——纠正"这样的操作可以当作调参阶段，即使用验证集提升识别能力的过程。机器学习的基本过程如图4-1所示。

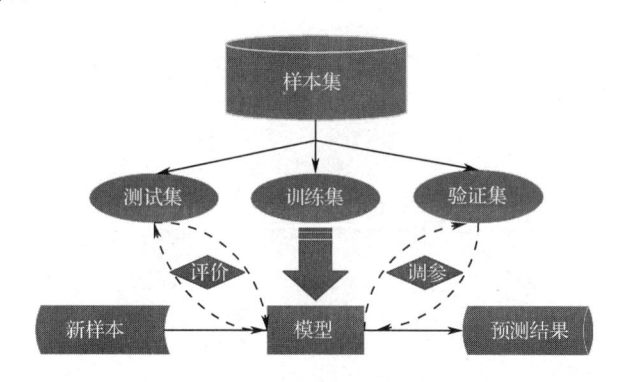

图 4-1 机器学习的基本过程

机器学习的终极目标是通过学习得到模型，当把数据输入模型时，可以输出我们期望的结果，以便解决实际问题（如手写体识别）。获得模型的过程也称为训练模型。

为了让机器拥有某项功能（如手写体识别、人脸识别），首先要根据问题搜集尽可能多的数据（即样本），正如小明妈妈搜集数字卡片和手写数字那样。得到的数据往往不能直接用于训练，需要准确提取其特征，正如小明妈妈描述数字特征那样。不同的是，为了实现可计算性，机器学习中的特征必须是用数字描述的向量。提取的特征直接决定最终模型的预测效果，所以特征提取也是一项非常重要的工作。在学习过程中真正参与计算的是这些特征，如果没有特别说明，本章所说的样本也指代样本的特征。

样本集可分为训练集、验证集和测试集三部分。训练集、验证集用于模型训练阶段，使用训练集训练模型，使用验证集判断当前的模型是否满足要求，满足便停止训练，不满足则调整策略继续训练。测试集用于对最终模型进行测试，给出模型的评估结果，正如小明爸爸测试小明那样。

模型通过测试后，便可以投入使用。此时，给模型输入新样本，就会输出预测结果。

本章将围绕让机器识别手写体数字这一问题，介绍几种经典的机器学习的方法。

## 4.2 机器识数：K最近邻分类算法

### 算法基础

#### 4.2.1 K最近邻分类算法的原理

小明第一次回答爸爸的问题时，他觉得 2 和妈妈描述的 2 的特征最接近，于是他给出"2"的预测结果。小明可能不知道，他已经使用了一个经典的机器学习方法——最近邻算法。该算法的基本思想：为了预测未知样本 2，以全部训练样本作为代表点，计算未知样本与所有训练样本的距离（特征之间的距离），选出特征最接近的样本，输出这个样本作为未知样本的预测结果。

因为前面学习中已经约定特征是指用数字描述的向量，在没有特别说明时，可以用样本来指代样本自身的特征，所以两个样本之间的距离就是两个向量之间的距离，常用欧几里得距离来度量，即

$$\rho(\bar{x},\bar{y})=\sqrt{(x_1-y_1)^2+(x_2-y_2)^2+\cdots+(x_n-y_n)^2}$$

其中，$\bar{x}=(x_1,x_2,\cdots,x_n)$，$\bar{y}=(y_1,y_2,\cdots,y_n)$。

最近邻算法对噪声非常敏感，常会受它影响，如图 4-2 所示，假设三角形样本是一类，例如，都是手写数字 3 的特征表示，这些样本的输出也是相同的，均为 3；正方形样本是一类，例如，都是手写数字 8 的特征表示，即这些样本的输出是相同的，均为 8。图中箭头指向的正方形样本受噪声干扰（如书写时边缘比较浅），比较靠近三角形。现在有个用圆形表示的新样本，是手写数字 2 的特征表示。如果用最近邻算法来预测，由于圆形样本与箭头指向的正方形样本距离最近，所以输出结果为正方形，即为 8。但从形状上看，2 与 3 更接近，所以圆形样本更应该属于三角形这一类。

仔细分析图 4-2 所示的问题，最近邻算法出错的根源在于其只选取一个距离最近的样本来决定输出。如果选择若干个最接近的样本共同来决定输出，那么算法就会更为稳健。这正是 K 最近邻（K-Nearest Neighbor，KNN）分类算法的基本思想。K 最近邻分类算法是最近邻算法的延伸，后面简称为 KNN 算法。

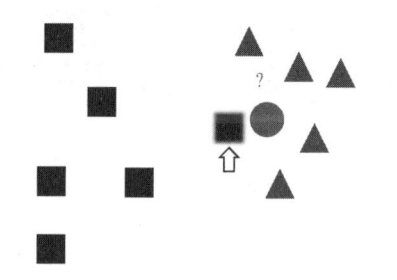

图 4-2 噪声对最近邻算法的影响

## 4.2.2 KNN 算法的基本步骤

KNN 算法有以下几个基本步骤。

（1）计算测试样本与各个训练样本之间的距离。
（2）按照距离的递增关系进行排序。
（3）选取距离最小的 $k$ 个点。
（4）确定前 $k$ 个点所在类别的出现频率。
（5）返回前 $k$ 个点中出现频率最高的类别作为测试数据的预测分类。

如图 4-3 所示，当 $k$=3 时，距离测试样本（圆形）最近的三个样本（圈起来的部分）中有两个三角形和一个正方形。三角形出现了 2 次，正方形出现了 1 次。依照 KNN 算法的步骤（4）和步骤（5），此时测试样

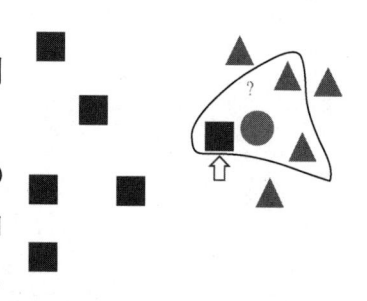

图 4-3 KNN 算法示意图

本的输出结果为三角形。这一结果与实际情况吻合。

## 4.2.3 $k$ 值对结果的影响

$k$ 值较小时，只有与测试样本较近或相似的训练实例才会对预测结果起作用，相当于用较少训练样本进行预测，训练误差会减小。但是，与此同时带来的问题是泛化能力下降，模型容易受到噪声的干扰；$k$ 值较大时，会有更多的训练样本参与预测，这时模型对噪声的抗干扰能力有所提升，但与测试样本较远（不相似的）的训练样本也会对预测起作用，使预测发生错误，导致训练误差增大。

考虑极端情况，当 $k$ 取 1 时，KNN 算法会退化为最近邻（Nearest Neighbor，NN）算法；当 $k$ 取所有训练样本数时，模型只有一个输出，即样本数最多的类。这两种情况都不是最优，也就是说肯定存在另一个比较合适的 $k$ 值。那么，在实际解决问题时如何选择 $k$ 值呢？

在 KNN 算法中，$k$ 在训练之前就已经确定，并不是通过学习得到的。这类参数称为超参数，确定超参数的过程称为调参，可以使用超参数搜索的方法来实现。超参数搜索的方法通过调整 $k$ 值，观察模型在验证集上的表现，来获取最优 $k$ 值。根据经验，一般情况下 $k$ 值取 5 或者 7 可以达到良好的效果。

此外，从 KNN 算法的描述中可以得知该算法没有明显的训练过程，当需要预测新样本的输出时，可以先直接计算测试样本与所有训练样本之间的距离，然后对所有距离进行排序。但是这样直接计算的方式非常耗时，特别是当训练样本数量庞大时，计算成本非常高。改进这种暴力搜索方式以提升运行速度的策略是预先定义某种特殊的数据结构来存储训练样本，当搜索最近邻样本时，能够利用这种特殊结构，使得无须计算所有的距离也能预测出新样本，从而节约时间。kd—树是这种算法的经典，在提升速度方面效果显著。

## 案例分析

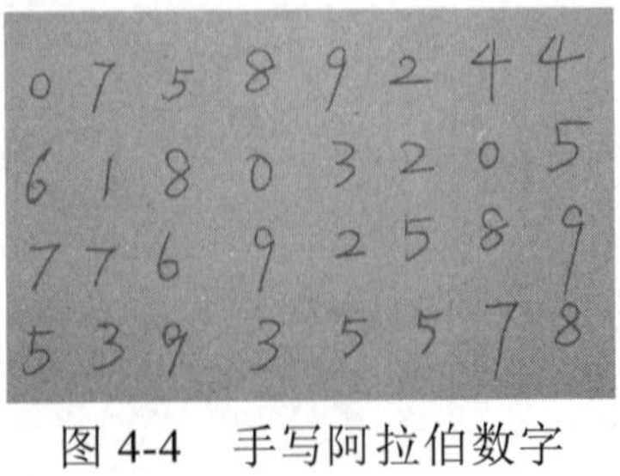

图 4-4 手写阿拉伯数字

回顾小明识数的过程，当妈妈觉得小明可以识数时，小明爸爸搜集了一些手写数字来测试小明，如图 4-4 所示的手写阿拉伯数字是部分测试样本。如果想让机器能够认识这些数字，应该怎样做呢？首先得像小明妈妈那样准备足量的样本。目前比较

完整的手写体数字的开源数据集有两个：UCI 手写体数据集和 MNIST 手写体数据集。本章主要使用 UCI 数据集，第五章使用 MNIST 数据集。

UCI 数据集的部分样本如图 4-5 所示。为了制作该数据集，共征集了 43 个志愿者，对他们的手写体数字运用图像处理技术进行分割、处理，得到高度为 32、宽度为 32 的数字图像，共得到数字 5620 个。其中 30 个人的手写体数字制作成训练集，共有数字 3823 个；另外 13 个人的手写体数字制作成测试集，共有数字 1797 个，目前数据集还在不断扩充中。

**注意**：处理手写体数字过程中用到的数字图像处理技术已经超出本书范围，也不需要读者理解和掌握，所以不赘述处理细节。如果有读者感兴趣可以自行参阅相关文献，这样既尊重原作者，也对读者负责。

图 4-5　UCI 数据集的部分样本

数据集中的样本均是二值图像，背景黑色数字用 0 来表示，前景白色数字用 1 来表示，每幅图像均由 32 行 32 列这样的 0，1 组成。图像的每个位置称为一个像素，每个像素上的值称为灰度值。二值图像的灰度值通常用 0，1 来表示。图 4-5 中的第一个样本"0"的前 10 行像素的灰度值如图 4-6 所示。

```
1  00000000000000111100000000000000
2  00000000000001111111000000000000
3  00000000000111111111100000000000
4  00000000011111111111110000000000
5  00000000111111101111110000000000
6  00000001111110000111100000000000
7  00000011111100000011100000000000
8  00000011111100000001110000000000
9  00000011111100000001110000000000
10 00000011111100000001110000000000
```

图 4-6　图像样本"0"的前 10 行像素的灰度值

有了数据集，需将图像样本转换为关于数字的向量，以便提取图像样本的特征。观察图 4-6 所示的灰度信息，可以得到一个最简单的提取特征的方法：将 32×32 的图像按照行优先的方式展开成一个向量，即第一行后面接第二行，然后接第三行，以此类推，最后接第 32 行。这样可以得到一个具有 32×32=1024 个元素的向量。

有了样本和提取特征的方式，便可以使用 KNN 算法训练模型，然后就可以对图 4-4 中的手写体数字进行识别了。但在此之前，仍需完成以下两项工作：对图 4-4 分割和预处理。为了保证样本的一致性，对图 4-4 中的图像进行分割、预处理，得到如图 4-7 所示的样本，为了叙述方便，姑且将这些样本称为图像样本。下节将使用得到的模型对这些样本进行预测。

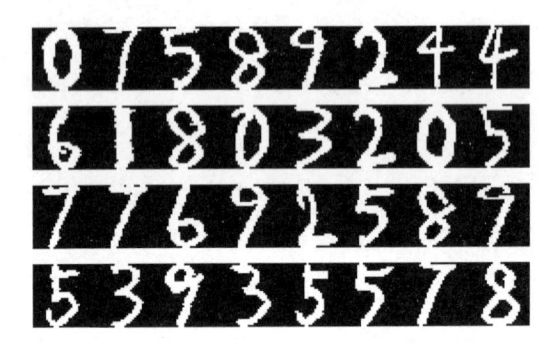

图 4-7　图像样本

## 程序实现

### 4.2.4　使用 KNN 算法预测样本的步骤

#### 1. 获取 UCI 手写体数据集

UCI 主页如图 4-8 所示。

图 4-8　UCI 主页

下载并分类好的数据，可在"人工智能代码与数据\第四章\data"中找到，data 文件夹保存数据集，code 文件夹保存代码，完整代码已经按照小节编号，保存在 code 文件夹中，需要用到的数据保存在与 code 文件夹同目录的 data 文件夹中。所有代码读取数据时使用相对路径，所以只要保证 code 文件夹和 data 文件夹在相同目录中，即可运行代码。

## 2. 将二值图像转化为行向量

为了规避数据处理带来的不便，将原始 UCI 数据按照上节行优先的方式将二值图像转化为行向量，然后将每个样本的标签（即该样本对应的真实数字）附在向量的末尾，最后按行将其写到文本文件中，示例代码如下：

```
import os
#UCI 原始数据的目录
file_path = '../data/handwritten_digits/UCI_digits_original/'
#以下三个文件用于构建训练集
trian_file_names = ('optdigits-orig.cv','optdigits-orig.tra',
'optdigits-orig.wdep')
#以下文件用于构建测试集
test_file_name = ('optdigits-orig.windep',)

file_names = (trian_file_names, test_file_name)
train_test = ('train', 'test')
#保存特征的路径
img_path_name = '../data/handwritten_digits/UCI_digits/'
if not os.path.isdir(img_path_name):
    os.makedirs(img_path_name)
#循环构建训练集和测试集文件
for label, file_name in zip(train_test, file_names):
    #生成保存训练集和测试集的文件
    text_file_name = os.path.join(img_path_name,
                        'UCI_digits.%s'%(label))
    f_write = open(text_file_name, 'w')
    #对原始文件进行循环
    for file in file_name:
        print('---------------------------')
        print('开始处理文件: ', file)
        f = open(file_path + file, 'r')
        for i in range(21):
```

```
            line = f.readline()
        while True:
            img = ''
            for i in range(33):
                line = f.readline()
                line_ = line.strip()
                img = img + line_

            if not line:
                break
            if img:
                f_write.write(img+'\n')
        f.close()
        print('文件: ', file_name, '处理完毕')
    f_write.close()
```

输出结果如下：

```
    --------------------------
    开始处理文件: optdigits-orig.cv
    文件: ('optdigits-orig.cv', 'optdigits-orig.tra', 'optdigits-orig.wdep') 处理完毕
    --------------------------
    开始处理文件: optdigits-orig.tra
    文件: ('optdigits-orig.cv', 'optdigits-orig.tra', 'optdigits-orig.wdep') 处理完毕
    --------------------------
    开始处理文件: optdigits-orig.wdep
    文件: ('optdigits-orig.cv', 'optdigits-orig.tra', 'optdigits-orig.wdep') 处理完毕
    --------------------------
    开始处理文件: optdigits-orig.windep
    文件: ('optdigits-orig.windep',) 处理完毕
```

转化为行向量的文件在"人工智能代码与数据\第四章\data\handwritten_digits\UCI_digits"文件夹中，如图4-9所示，文件类型是 TEST 的文件保存了测试集，文件类型是 TRAIN 的文件保存了训练集。这两个文件中的每一行表示一个完整的样本，每一行的前 1024 个数字表示样本的特征，最后一个数字表示样本的标签。

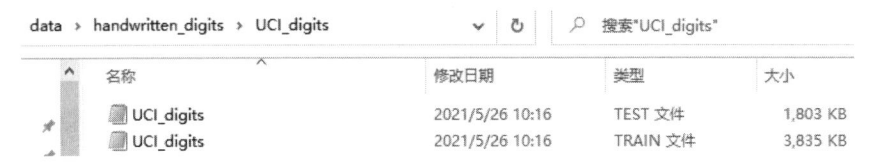

图 4-9  保存样本的文件名

## 3. 读取训练集文件

训练时首先需要从"UCI_digits.train"文件中读取训练样本,这项任务可以使用 Python 的内置函数 open()来实现。读入训练样本后将其保存到变量 X_train 中,将对应的标签保存在变量 Y_train 中。这里的 X 表示输入,即样本;Y 表示输出,即标签。用同样的方式从"UCI_digits.test"文件中读取测试样本,将测试样本保存在变量 X_test_UCI 中,将对应的标签保存在变量 Y_test_UCI 中,示例代码如下:

```
#准备训练集
    f_train = open('../data/handwritten_digits/UCI_digits/UCI_digits.train', 'r')
    X_train = []
    Y_train = []
    while True:
        line = f_train.readline()
        if not line:
            break
        T = [float(t) for t in line.strip()]
        X_train.append(T[:-1])
        Y_train.append(T[-1])
    f_train.close()

#准备测试集
    f_test = open('../data/handwritten_digits/UCI_digits/UCI_digits.test', 'r')
    X_test_UCI = []
    Y_test_UCI = []
    while True:
        line = f_test.readline()
        if not line:
            break
```

```
            T = [float(t) for t in line.strip()]
            X_test_UCI.append(T[:-1])
            Y_test_UCI.append(T[-1])
    f_test.close()
```

## 4. 读取二值图像并提取其特征

读取图 4-7 中的二值图像并提取其特征。这些二值图像保存在"人工智能代码与数据\第四章\data\handwritten_digits\digits_img_32_32"文件夹中，其文件名格式如下：

```
digits_32_32_label_ id.bmp
```

其中，label 为标签，即图像中的手写体数字，位于第 14 个字符位置处；id 是该数字的编号。例如，文件名为 digits_32_32_5_4.bmp 的图像是手写体数字 5，这是所有数字为 5 的手写体中的第 4 个。只要得到文件名，读取其第 4 个位置的字符便可获取标签。

（1）获取文件夹 digits_img_32_32 中所有文件的文件名，可以使用模块 os 的函数 walk()来完成，示例代码如下：

```
#导入 os 模块
import os
test_img_path = '../data/handwritten_digits/digits_img_32_32/'
#使用 os 模块中的函数 walk()获取指定路径下的所有文件名
#文件名保存在 files 中
for _, _, files in os.walk(test_img_path):
    break
```

（2）需要读入文件夹 digits_img_32_32 中的所有图像。图像的读取可以使用专门用于处理图像的包 skimage(scikit-image)来完成。skimage 是基于 Python 语言开发的数字图像处理包，其功能丰富且完整，所以这里选择 skimage。读写图像的功能包含在 io 模块中，使用该模块中的函数 imread()来读入图像。当读入图像后，需要将 32×32 大小的图像按照行优先的方式，转换成行向量，以获取图像的特征，将其保存在 X_test_ours 变量中。同时读取每幅图像文件名的第 14 个字符，获得标签，将其保存在 Y_test_ours 变量中。示例代码如下：

```
#skimage 是专门用来处理数字图像的一个包
```

```python
#该包中的io模块包含了图像读入、写出等函数
#这里使用该模块中的imread来读入图像
from skimage import io
X_test_ours = []
Y_test_ours = []
for i, file in enumerate(files):
    im = io.imread(test_img_path+file)
    im = im/255
    im = im.reshape((1, -1))
    X_test_ours.append(im[0])
    Y_test_ours.append(int(file[13]))
```

准备好需要的所有样本，就可以使用KNN算法进行训练并预测。为了专注于算法本身，而不是将时间和精力耗费在编码上，这里使用现有库来进行训练。

Sklearn（scikit-learn）是一个专门用于机器学习的库，包含从数据预处理到模型训练的各方面。它对常用的机器学习方法进行了封装。KNN算法包含在模块neighbors中，整个模型的训练、预测和评价整合在类KNeighborsClassifier中，所以需要导入该类，并实例化，之后使用类成员函数fit()进行训练，使用类成员函数predict()进行预测，使用成员函数score()进行模型评价，示例代码如下：

```python
#from sklearn.preprocessing import StandardScaler
#对训练和测试的特征数据进行标准化。
#ss = StandardScaler()
#X_train = ss.fit_transform(X_train)
#X_test_UCI = ss.transform(X_test_UCI)
#X_test_ours = ss.transform(X_test_ours)

#从sklearn.neighbors里导出KNN分类器KNeighborsClassifier
from sklearn.neighbors import KNeighborsClassifier
#使用K近邻分类器对测试数据进行类别预测,
#预测结果储存在变量y_predict中。
#weights='distance','uniform'
#algorithm='brute','kd_tree','ball_tree','auto'
#实例化类，参数n_neighbors即为KNN算法中的k
knc = KNeighborsClassifier(
                        n_neighbors=5,
#                       metric='minkowski',
```

```
    #                             p=2,
    #                             weights='distance',
    #                             algorithm='kd_tree',
    #                             leaf_size=30
                                  )
    #训练模型
    knc.fit(X_train, Y_train)

    #计算模型在UCI测试集上的准确率
    score_UCI = knc.score(X_test_UCI, Y_test_UCI)
    score_UCI_str = '使用 KNN 算法训练的模型在 UCI 测试集上的准确率为：
%.02f'%(score_UCI)
    print(score_UCI_str)
    #计算模型在图像测试集上的准确率
    score_ours = knc.score(X_test_ours, Y_test_ours)
    score_ours_str = '使用 KNN 算法训练的模型在图像测试集上的准确率为：
%.02f'%(score_ours)
    print(score_ours_str)
```

这里的准确率是指预测正确的样本数量在总测试样本中的比例，输出结果如下：

> 使用KNN算法训练的模型在UCI测试集上的准确率为：0.98
> 使用KNN算法训练的模型在图像测试集上的准确率为：0.78

从结果来看，KNN算法在1797个UCI测试样本上的表现非常好，其准确率达到了0.98，即约98%的样本预测正确。但是在图像测试集上的准确率却很低，仅有约78%的样本预测正确。究其原因主要是UCI测试样本和训练样本都是来自同一地区的志愿者，他们的书写习惯基本一致，所以不难理解在UCI测试集上有良好的测试效果。而图像测试集的样本来自作者本人，书写习惯与外国人相差较大，所以导致测试效果较低。准确率较低的原因还包括特征太过简单、模型参数不合适等，在后面章节将陆续介绍进一步提升准确率的方法。

为了直观展示模型的测试结果，将结果进行可视化。这一任务可以使用Python环境下的绘图库matplotlib来完成，该库在可视化方面的功能非常丰富。使用时首先需要导入该库，并且使用函数figure()创建图形界面。因为这里需要显示32幅图像，所以需要在图形界面中创建对应的32个坐标系。这一功能可以使用函数subplot(m，n，i)完成，其中m，n表示坐标系布局的行数和列数；

i 表示坐标系的序号（按行优先的方式从 1 开始编号）。例如，subplot(4，8，9) 表示在图形界面中创建 32 个坐标系，布局为 4 行 8 列，该坐标系位于第二行第一列，示例代码如下：

```
#预测自制测试集的结果
Y_predict_ours = knc.predict(X_test_ours)
import matplotlib.pyplot as plt
plt.figure(1)
for i, file in enumerate(files):
    im = io.imread(test_img_path+file)
    plt.subplot(4,8,i+1)
    if (i+1)%8 == 1:
        plt.imshow(im, cmap = 'gray')
        label = '预测:%d'%(int(Y_predict_ours[i]))
        plt.title(label,fontproperties="SimHei",
                  size = 12, loc = 'left')
        plt.xticks([])
        plt.yticks([])
    else:
        plt.imshow(im, cmap = 'gray')
        plt.xticks([])
        plt.yticks([])
        plt.title(int(Y_predict_ours[i]),
                  fontproperties="times new roman", size = 12)
plt.show()
```

运行程序，可视化的 KNN 模型预测结果会出现在控制台上方的绘图窗格中，如图 4-10 所示，其中，每幅图像上方的数字是 KNN 算法预测的结果。对比预测结果和二值图像，将预测错误的图像用方框框起来，通过观察可知，共有 7 幅图像样本预测错误：将两个 4 和一个 7 预测为 1，将一个 8 预测为 3，将三个 9 预测为 7。

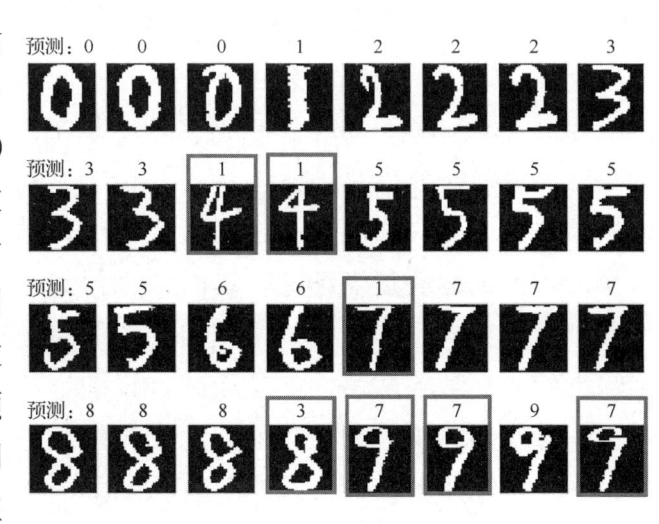

图 4-10　KNN 模型预测结果

## 4.3 支持向量机分类

假设我们将相同数字的样本归为一类,那么所有样本可以分为 10 类,如图 4-11 所示,每行为 1 类,10 个数字共有 10 类。此时,识别问题可以通过预测每个样本的类别来实现,从而将识别问题转化为分类问题。

图 4-11 手写体数字样本

## 算法基础

### 4.3.1 多类分类问题转化为二分类问题

分类(classification)是机器学习中最重要的一类任务,其利用有类别标签的数据,训练一个模型,当输入新样本时,可以输出该样本的类别标签。此时,该模型也称为分类模型。这种用带标签的数据进行训练得到模型的方法是有监督学习。如果标签是连续值,这时训练得到的模型输出的是连续的数值,如房价预测,这样的问题常称为回归问题;如果标签是离散值,这时训练得到的模型输出的是离散的数值,如垃圾邮件识别,这样的问题常称为分类问题。

在分类问题中,如果当前问题的类别总数是 2,这时称为二分类问题,例如,垃圾邮件分类就是二分类问题,此时对于给定的样本,模型只须输出"是"或者"否";如果类别总数大于 2,称为多类分类问题,例如,识别手写体数字

时共有 10 类样本，模型需要输出这 10 个类别标签中的某一个。

通常将训练得到的分类模型称为分类器，针对二分类问题的模型称为二分类器。多类分类问题可以通过训练多个二分类器来解决，通常有两种方法：一对其余（one-versus-rest）和一对一（one-versus-one）。

一对其余法也称为一对多法。假设有 $n$ 类样本，按照该方法依次将一个类别的样本作为一类，其余类别的样本作为另一类，训练一个二分类器，这样可以依次获得 $n$ 个二分类器，最终组成多类分类器。在测试阶段，可以通过统计计数的形式进行类别预测。

这里以手写体数字识别问题为例，阐述如何将多类分类问题通过"一对其余"法转化为二分类问题。在训练阶段，先训练能够判断是否为 0 的模型，将数字是 0 的样本视作一类，将数字是 1~9 的其余样本视作另一类，由此可以训练一个二分类器；接下来训练能够判断是否为 1 的模型，为此将数字是 1 的样本视为一类，将其余数字的样本视为另一类，以此类推，可以得到 10 个二分类器，将类别按照数字进行编号，数字 $k$ 所在的类编号为 $k^\#$。如图 4-12 所示，编号是 $0^\#$ 的二分类器可以识别出测试样本是否为 0，编号是 $1^\#$ 的二分类器可以识别出测试样本是否为 1……

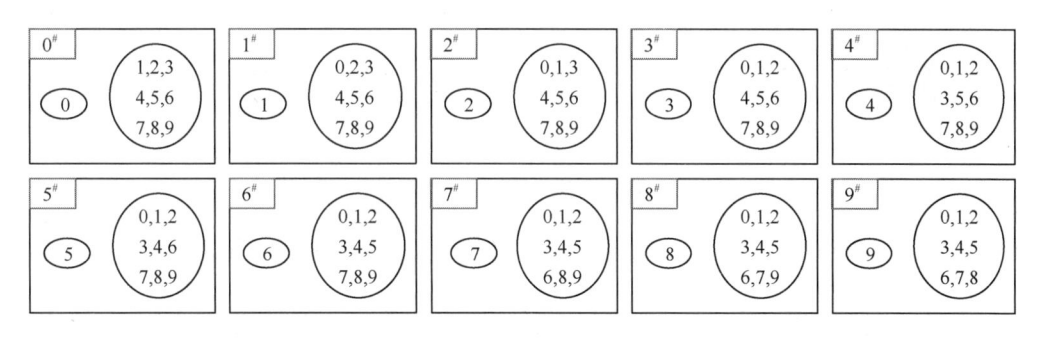

图 4-12　一对其余法示意图

获得图 4-12 所示的 10 个二分类器后，给各类别分配一个计数器，计数器初始化为 0。为了叙述方便将 $k^\#$ 类所对应的计数器记为 $C_k$。接下来使用累计次数的方式进行预测：如果 $k^\#$ 分类器预测类别是 $k$，那么 $k^\#$ 类的计数器 $C_k$ 加 1；否则，其余类的计数器均加 1。所有分类器都用过一遍以后，选取数值最大的计数器对应的类别，即为当前样本的预测类别。

假设新样本是数字 3，用图 4-12 中的二分类器进行预测，各分类器对每个计数器贡献的值如表 4-1 所示，将该样本输入 $0^\#$ 分类器，预测类别为"不是 0"，

所以 $1^\#$~$9^\#$ 类对应的计数器 $C_1$ 至 $C_9$ 均须加 1，而 $0^\#$ 类对应的计数器 $C_0$ 没有变化。将该样本输入 $3^\#$ 分类器，预测结果是 3，所以计数器 $C_3$ 须加 1，而其他计数器没有变化。当所有二分类器都用过一遍以后，各计数器的值如表 4-1 最后一行所示。此时，计数器 $C_3$ 最大，据此预测新样本的类别为 $3^\#$，即预测新样本为数字 3。

表 4-1 针对类别是 3 的样本各分类器对计数器的贡献

| 分类器＼计数器 | $C_0$ | $C_1$ | $C_2$ | $C_3$ | $C_4$ | $C_5$ | $C_6$ | $C_7$ | $C_8$ | $C_9$ |
|---|---|---|---|---|---|---|---|---|---|---|
| $0^\#$分类器贡献 | 0 | 1 | 1 | 1 | 1 | 1 | 1 | 1 | 1 | 1 |
| $1^\#$分类器贡献 | 1 | 0 | 1 | 1 | 1 | 1 | 1 | 1 | 1 | 1 |
| $2^\#$分类器贡献 | 1 | 1 | 0 | 1 | 1 | 1 | 1 | 1 | 1 | 1 |
| $3^\#$分类器贡献 | 0 | 0 | 0 | 1 | 0 | 0 | 0 | 0 | 0 | 0 |
| $4^\#$分类器贡献 | 1 | 1 | 1 | 1 | 0 | 1 | 1 | 1 | 1 | 1 |
| $5^\#$分类器贡献 | 1 | 1 | 1 | 1 | 1 | 0 | 1 | 1 | 1 | 1 |
| $6^\#$分类器贡献 | 1 | 1 | 1 | 1 | 1 | 1 | 0 | 1 | 1 | 1 |
| $7^\#$分类器贡献 | 1 | 1 | 1 | 1 | 1 | 1 | 1 | 0 | 1 | 1 |
| $8^\#$分类器贡献 | 1 | 1 | 1 | 1 | 1 | 1 | 1 | 1 | 0 | 1 |
| $9^\#$分类器贡献 | 1 | 1 | 1 | 1 | 1 | 1 | 1 | 1 | 1 | 0 |
| 合计 | 8 | 8 | 8 | 10 | 8 | 8 | 8 | 8 | 8 | 8 |

一对一法与一对其余法思路类似，但方法不同。依然假设有 $N$ 类样本，每次从中选取 2 个类别的样本，训练一个二分类器，这样可以得到 $C_N^2 = \dfrac{N(N-1)}{2}$ 个二分类器，最终组成多类分类器。在测试阶段，也可以通过统计计数的形式进行类别预测。

这里仍以手写体数字识别问题为例，阐述如何将多类分类问题通过一对一法转化为二分类问题。在训练阶段，如图 4-13 所示，首先使用 $0^\#$ 类和 $1^\#$ 类样本训练一个可以识别 0 和 1 的二分类器，将其编号设为 $0^\#$，并记为<0，1>分类器；然后使用 $0^\#$ 类和 $2^\#$ 类样本训练一个可以识别 0 和 2 的二分类器，将其编号设为 $1^\#$，并记为<0，2>分类器……依次类推，使用 $8^\#$ 类和 $9^\#$ 类样本训练一个可以识别 8 和 9 的二分类器，将其编号设为 $44^\#$，并记为<8，9>分类器。用这种方法最终可以得到 45 个二分类器。

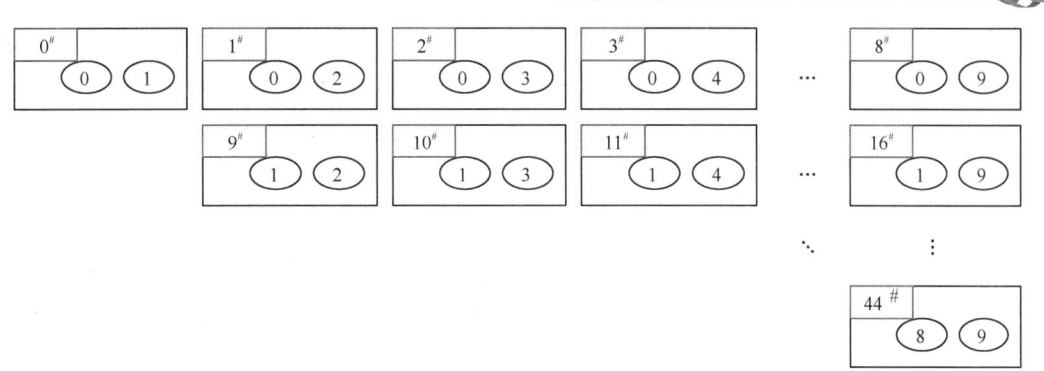

图 4-13 一对一法示意图

在预测阶段，首先将各计数器 $C_k$ 的值初始化为 0。然后使用投票的方式进行预测：如果 <i, j> 分类器的预测类别是 i，那么 $i^\#$ 类的计数器 $C_i$ 加 1；否则 $C_j$ 加 1。所有分类器都用过一遍以后，选取数值最大的计数器对应的类别，即为当前样本的预测类别。

一对其余法和一对一法各有优劣。一对其余法需要训练的分类器的个数是 n，比一对一法的分类器的个数 $\frac{N(N-1)}{2}$ 少很多，从而减轻了运算量。但是一对其余法存在训练集不均衡的问题，这会影响每个二分类器的分类效果。另一方面，一对一法尽管运算量较大，但是只要各类样本数量相当，该法便没有不均衡的问题。在实际使用时，如果样本数量不大，或者对运算速度要求不高，可以优先使用一对一法。

针对手写体数字识别问题，可以使用一对其余法或者一对一法，将多类分类问题转化为二分类问题。因此，关键的问题就是如何设计合适的算法来训练二分类器。支持向量机是一种典型的二分类算法，在众多分类算法中表现良好，受到了广泛关注。

## 4.3.2 支持向量机

本节为了叙述方便，假设特征的维度为 2，即每个样本有两个属性，分别用 $x_1$ 和 $x_2$ 来表示。如图 4-14 所示，用横轴表示 $x_1$，纵轴表示 $x_2$，则每个样本在坐标平面上就是一个点。这里用形状对类别加以区分：位于坐标系左下角的三角形是一类，位于右上角的圆形是另一类。

对于如图 4-14 所示的样本，我们只须求得一条直线，使得这两类样本位于该直线的两侧即可,预测时只要判断目标样本位于直线的哪一侧便可以得到其类别:直线下方,归到三角形一类;直线上方,归到圆形一类;正好在直线上,则归到哪类均可。

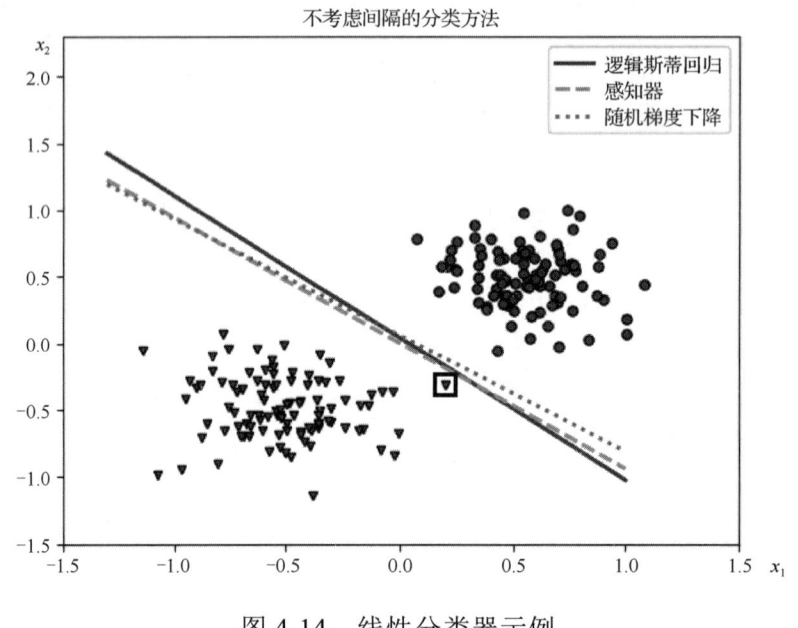

图 4-14 线性分类器示例

这条直线便是我们要通过学习得到的分类模型,称为线性模型。该图中的两类样本可以完全被某条直线分开,这种情形的分类问题称为完全线性可分问题。

针对以上线性可分问题,可以使用诸如逻辑斯蒂回归法(Logistic Regression)、感知器法(Perceptron)和随机梯度下降法(Stochastic Gradient Descent,SGD)等经典方法进行求解,求解结果对应着图 4-14 的三条直线。可以看出三条直线均能正确地将给定的两类样本完全分开,即能够把这两类样本完全分开的直线并不唯一。

那么,这些直线有没有优劣之分呢?比较图 4-14 中的三条直线,正方形框起来的三角形样本非常接近逻辑斯蒂回归法和感知器法对应的直线,这意味着如果对该样本做一个非常小的扰动,例如,测量或统计带来的误差,那么该样本将跨过直线到达另一侧,从而导致分类错误,即模型对误差非常敏感。相比较而言,随机梯度下降法好一些,但是在圆形类样本中,也有距离该直线较近的样本点,这在一定程度上也会导致模型对误差较为敏感。

因此，针对图 4-14 所示的完全线性可分问题，如何判定分类模型的优劣是首要考虑的问题。直观上来看，如果两类样本均尽可能地远离模型，即模型正好位于所有样本中间，那么模型就将两类样本完全分开，从而最大程度地降低噪声的影响。

支持向量机正是基于这一考虑，以间隔最大化作为目标函数，以此求出能将两类样本完全分开的直线模型。针对图 4-14 中的样本，支持向量机模型如图 4-15 所示，图 4-15 中位于样本边界的两条直线之间的间隔是最大间隔，位于该间隔正中央的直线就是最佳分类直线模型。此外，位于边界直线上的样本称为支持向量，本例共有两个支持向量，分别属于两类样本。直观上来看，支持向量是确定支持向量机模型的核心。

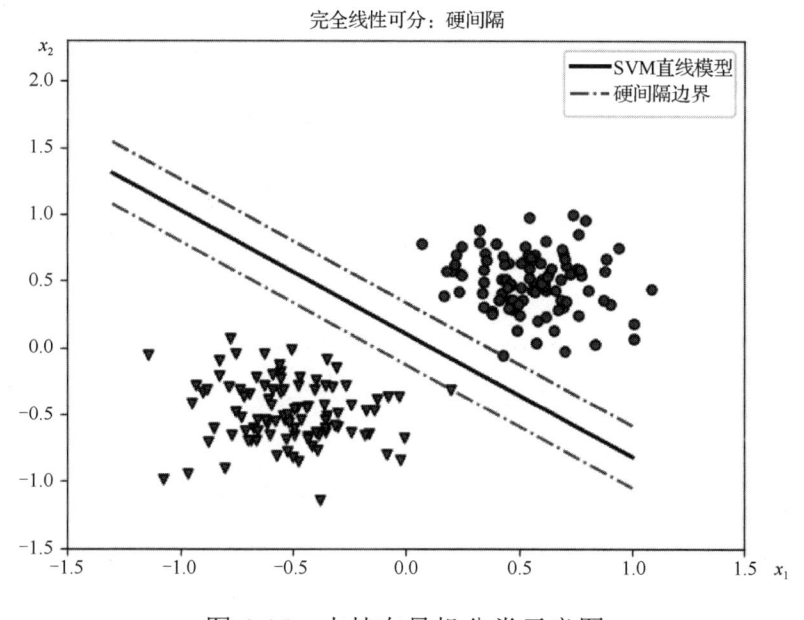

图 4-15　支持向量机分类示意图

仔细分析间隔最大化模型，间隔中间没有样本，这种间隔称为硬间隔。这种硬间隔最大化的方法可以较好地解决完全线性可分问题，但是也存在一定缺陷：一方面支持向量均远离各自的样本中心（直观上来看就是两类样本各自较集中的位置），见图 4-15，如果严格以这两个样本作为支持向量，似乎不够合理，因为它们本身有可能就带有测量或统计等误差。

另一方面，现实问题中这种完全线性可分的情形很少出现，大多数的情况属于非完全线性可分问题，如图 4-16 所示，无法找到一条直线将两类样本

完全分开，但是在允许一定误差的前提下，又可以近似地用直线来区分这两类样本。

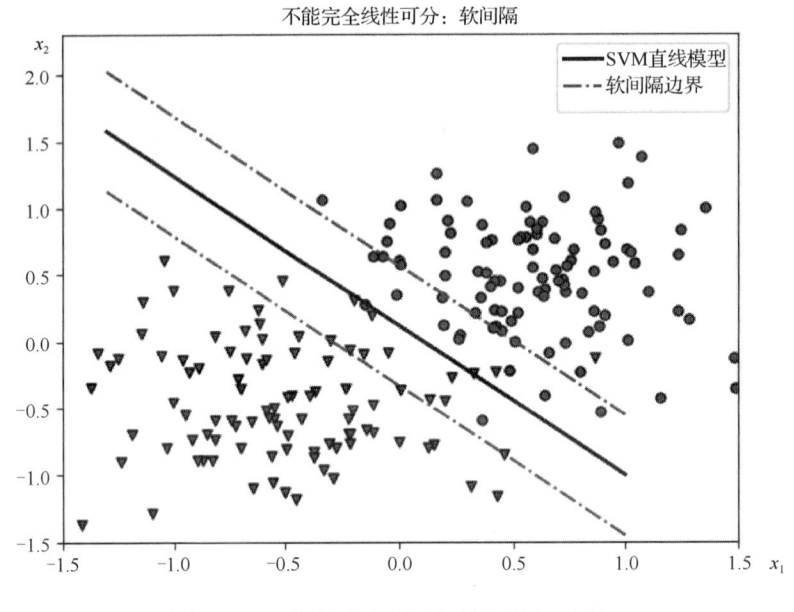

图 4-16　支持向量机之软间隔示意图

针对以上缺陷，对硬间隔条件适当放宽，允许部分样本落入间隔，这样的间隔称为软间隔。最后将硬间隔最大化修改为软间隔最大化，即可得到更一般的线性支持向量机模型。该模型中含有大于零的参数 $C$，称为惩罚系数，用来调节软间隔。$C$ 越大，间隔中的样本越少，软间隔会越趋于硬间隔；$C$ 越小，间隔中允许存在的样本就越多。参数 $C$ 在训练模型之前就需要指定，与 KNN 算法中的参数 $k$ 一样，这种在训练模型前确定的参数称为超参数。超参数可以通过经验来指定，也可以通过搜索超参数来确定，即在预先设定好的参数范围内寻找一个最准的参数，使得该参数对应的模型能够在验证集上有最好的表现。

为了与图 4-15 中的结果对比，图 4-17 给出了基于软间隔最大化的支持向量机模型的分类结果，其中惩罚系数 $C=1$。

分析图的结果，可以发现当前的间隔中有很多样本，这与软间隔的定义一致。与图的结果对比可以发现，当前的结果有效地回避了前文提到的图中两个支持向量的问题，而且除去间隔中的那些样本，直观上来看当前的直线模型更趋向于两类样本的正中位置。

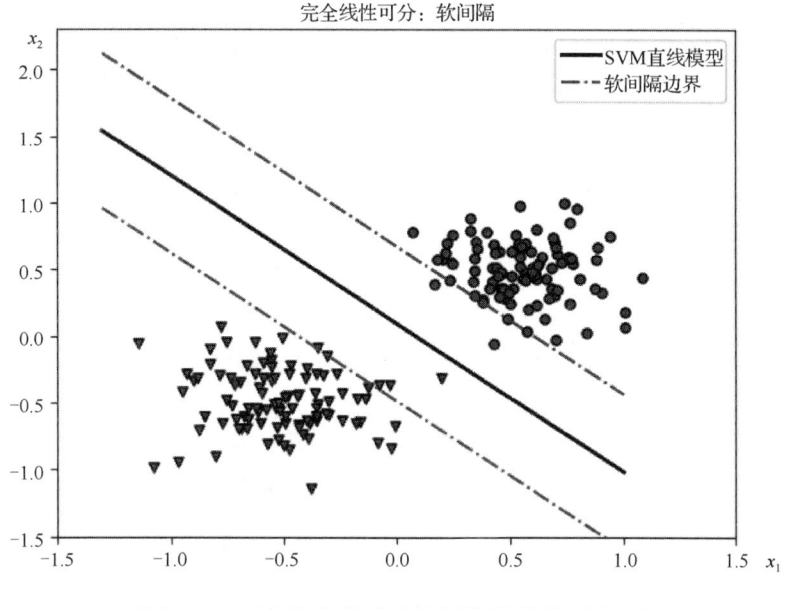

图 4-17 线性支持向量机模型的分类结果

以上讨论的问题中样本特征有两个维度，这时线性模型就是平面上的直线。当样本特征维度为 3 时，线性模型是三维空间中的平面。当样本维度超过 3 时，线性模型称为超平面。超平面是直线和平面的推广，直线和平面是超平面的特殊情形。为了叙述方便，接下来统一用超平面进行描述。一般情况下，类似于图 4-15，如果样本能够被超平面完全分开，那么称之为完全线性可分，该问题可以使用线性支持向量机求解；类似于图 4-16，如果任意超平面均不能完全将样本分开，但是忽略个别样本后可以近似线性可分，这样的问题同样可以使用线性支持向量机求解。

总之，针对线性可分或者近似线性可分问题，线性支持向量机是一种有效的分类算法。但是针对如图 4-18 所示的球形样本，线性支持向量机算法就无能为力了，因为根本无法找到一条直线将这两类样本分开或近似分开。

球形样本在二维空间不是线性可分的，但是如果把它们映射到更高维的空间，则有可能出现线性可分问题。例如，这里将映射定义如下：

$$(x_1,\ x_2) \mapsto \left(x_1,\ x_2,\ \frac{1}{2\pi\sigma^2} e^{-\frac{x_1^2+x_2^2}{2\sigma^2}}\right)$$

则经过映射后的样本分布如图 4-19（a）所示，原来在二维平面上位于四周的三角形样本映射以后，在三维空间中主要分布于山底和半山腰；原来位于中间位置的圆形样本在三维空间中主要分布于山顶。要将山顶部分和山腰部分隔开，最简单的一种方式就是"拦腰斩断",如图 4-19(b)所示。也就是说,在三维空间可以找到一个平面将山顶的圆形样本和半山腰的三角形样本很好地分开,这个平面正是线性分类模型。

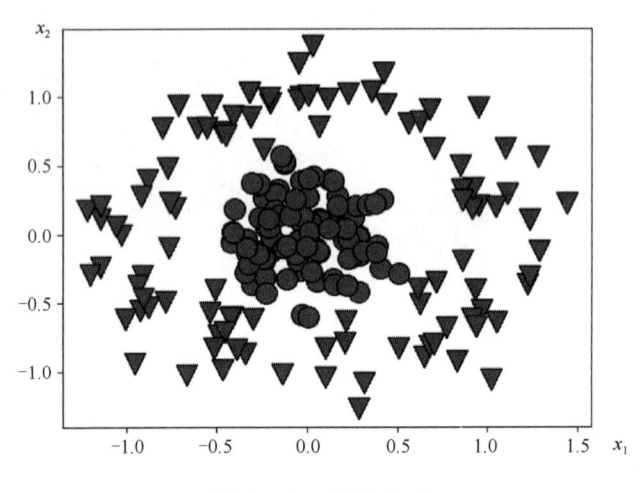

图 4-18　球形样本

(a)二维空间的球形样本映射到三维空间　　(b)三维空间的样本是线性可分的

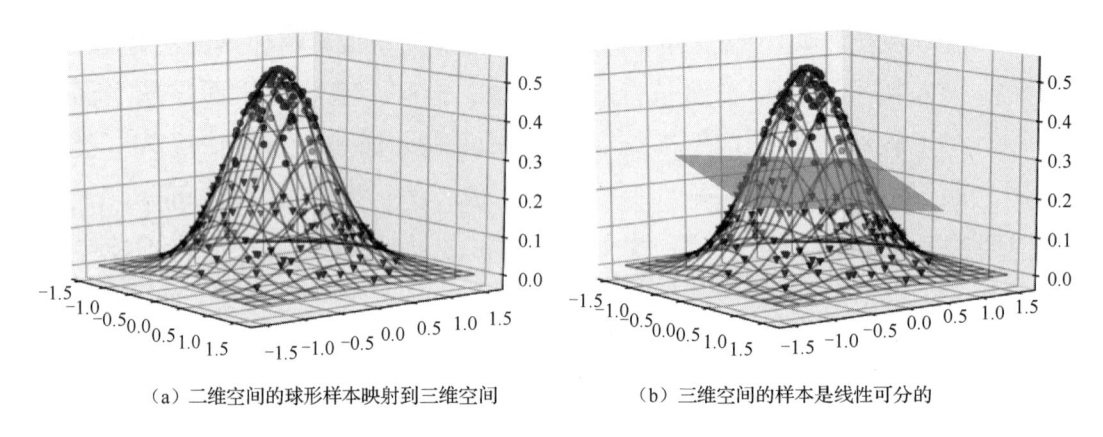

图 4-19　球形样本映射到三维空间后的样本分布

但是以上思路难以直接付诸实施,主要因为从低维到高维空间的映射过多,针对具体问题如何选取合适的映射是一个难题。即使碰巧找到,但是在高维空间直接进行运算,计算量也非常大。一个行之有效的变通方法是"核技巧",大体思路是在支持向量机模型中使用"核函数",一方面无须显示地给出从低维到高维空间的映射,另一方面也避免了在高维空间进行运算量较大的内积运算。这种方法常称为非线性支持向量机,其中常用的核函数有高斯核、多项式核、线性核,等等。特别说明,当核函数取为线性核时,非线性支持向量机退化为

线性支持向量机。

## 案例分析

针对图 4-4 中的数字图像，在完成图像分割、预处理及特征提取后，每个手写体数字的特征都是一个 32×32=1024 个元素的向量，也就是说，特征空间的维度是 1024，已经无法用可视化的方式判断是否为线性可分问题，从而无法直接决定是否使用核技巧。本章以非线性支持向量机高斯核函数为例，比较非线性支持向量机和线性支持向量机的分类结果。

手写体数字识别是多类分类问题，而支持向量机是二分类模型，不能直接解决多类分类问题。因此需要将多类分类问题转化为二分类问题，如前所述，转化的方法一般有一对一法和一对其余法。考虑到目前训练样本的规模不大，无须考虑运算成本，这里采用没有样本不均衡问题的一对一法。

## 程序实现

样本预处理及特征准备的代码与 4.2.4 节所述一致，包括准备训练集、准备测试集、导入 os 模块、读入图像和对训练和测试的数据特征进行标准化的部分，此处不再赘述，下面直接给出训练支持向量机模型的代码。依然使用 Sklearn 机器学习库，支持向量机算法封装在 SVM 包中，用于分类的功能封装在 SVC 类中。使用时导入该类，并实例化后，使用类成员函数 fit() 进行训练，使用类成员函数 predict() 进行预测，使用成员函数 score() 进行模型评价。示例代码如下：

```
#从sklearn.svm里导出用于分类的SVM模型SVC
from sklearn.svm import SVC
#使用SVM分类器对测试数据进行类别预测，
#预测结果储存在变量y_predict中。
#实例化类，参数kernel即为支持向量机的核：
#rbf为高斯核，适用于线性不可分问题
#linear为线性核，适用于线性可分问题
#C为惩罚系数，调节软间隔的参数，默认为1
#gamma为高斯核的参数
svc = SVC(
        kernel='rbf', #rbf是高斯核;linear是线性核
        C=5, #惩罚系数
        gamma='auto', #高斯核的参数
```

```
            decision_function_shape = 'ovo' #一对一
            )

    #训练模型
    svc.fit(X_train, Y_train)

    #计算所得模型在 UCI 测试集上的准确率
    score_UCI = svc.score(X_test_UCI, Y_test_UCI)
    score_UCI_str = '使用 SVM 算法训练的模型在 UCI 测试集上的准确率为:
%.02f'%(score_UCI)
    print(score_UCI_str)
    #计算所得模型在图像测试集上的准确率
    score_ours = svc.score(X_test_ours, Y_test_ours)
    score_ours_str = '使用 SVM 算法训练的模型在图像测试集上的准确率为:
%.02f'%(score_ours)
    print(score_ours_str)

    #预测自制测试集的结果
    Y_predict_ours = svc.predict(X_test_ours)
    import matplotlib.pyplot as plt
    plt.figure(1)
    for i, file in enumerate(files):
        im = io.imread(test_img_path+file)
        plt.subplot(4,8,i+1)
        if (i+1)%8 == 1:
            plt.imshow(im, cmap = 'gray')
            label = '预测:%d'%(int(Y_predict_ours[i]))
            plt.title(label,fontproperties="SimHei",
                    size = 12, loc = 'left')
            plt.xticks([])
            plt.yticks([])
        else:
            plt.imshow(im, cmap = 'gray')
            plt.xticks([])
            plt.yticks([])
            plt.title(int(Y_predict_ours[i]),
                    fontproperties="times new roman", size = 12)
    plt.show()
```

输出结果如下:

使用 SVM 算法训练的模型在 UCI 测试集上的准确率为: 0.97
使用 SVM 算法训练的模型在图像测试集上的准确率为: 0.91

与上节预测的 KNN 算法的准确率相比，SVM 模型尽管在 UCI 测试集上的准确率比 KNN 算法的低一点，但是在图像测试集上的准确率大幅提升，从 KNN 算法的 78%提升到 91%，可见支持向量机相较于 KNN 算法具有更强的泛化能力。

与 KNN 算法一样，这里给出如图 4-20 所示的预测结果。图中每幅图像上方的数字是 SVM 模型预测的结果，预测错误的图像用方框框了起来，共有 3 幅图像样本预测错误：将一个 4 预测为 1，将两个 9 预测为 7。对比 KNN 的 7 个错误结果，可知 SVM 模型针对当前手写体数字有较好的分类效果。

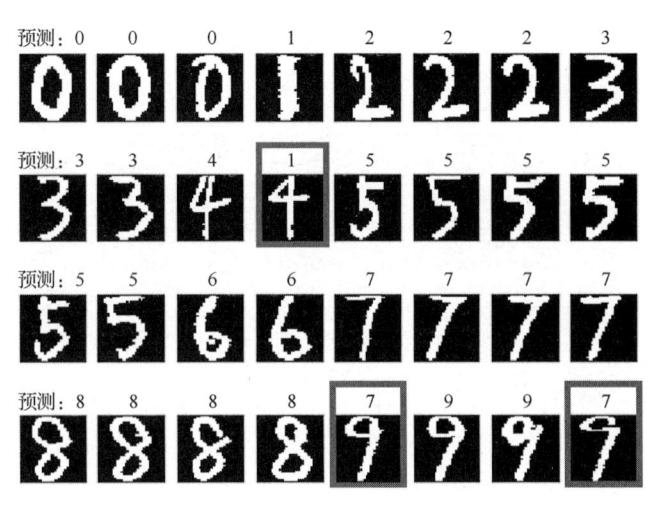

图 4-20　SVM 预测结果

## 4.4　机器学习的实用技巧

### 4.4.1　特征工程

业界广泛流传着一句话：数据和特征决定了机器学习的上限，而模型和算法只是逼近这个上限而已。由此可以看出：好的特征是决定一个分类模型准确率的关键。到目前为止，手写体数字样本的特征都是按照 4.2.3 案例分析中所描述的方法获取的，即针对 32×32 的图像，按照行优先的方式将图像展开成一个含有 1024 个元素的向量。这样处理的好处是简单、直观、易实现，但是随之带来一些问题：特征维度太高且包含很多冗余信息，不利于训练出理想的分类算法；直接将图像进行拉伸导致所得特征对笔画非常敏感，拉低了分类模型的准确率。

为了克服以上问题，这里尝试一种新的提取方式。针对 32×32 的图像，将其无重叠地分成 8×8 块，如图 4-21 所示为重新构建特征示意图，这样每块包含 4×4 个像素。将每一块视为一个像素，其上的灰度值为该块的 4×4=16 个灰度值之和，这样新得到一幅 8×8 的图像，这幅图像中的灰度取值范围为 0～16。当块中每个位置均为 0 时，最小值为 0；当块中每个位置均为 1 时，最大值为 16。然后将 8×8 的新图像再次以行优先的方式拉伸为含有 64 个元素的向量，以此作为手写体数字的新特征。

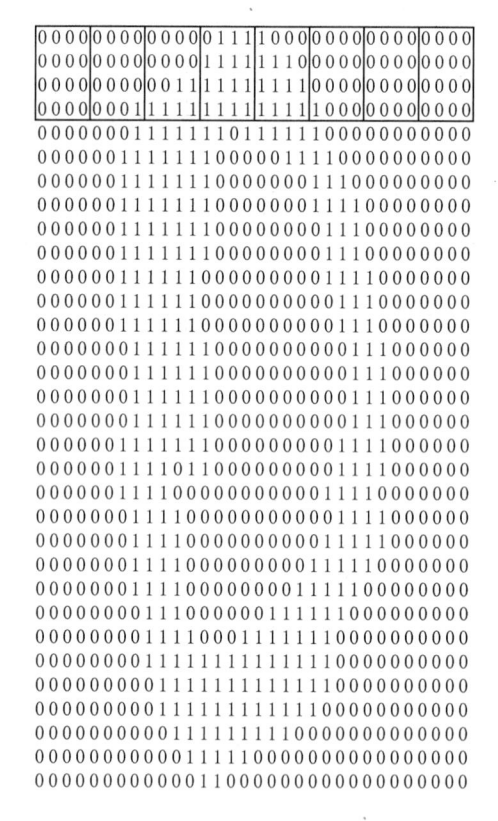

图 4-21　构建特征示意图

与旧特征相比，新特征的维度为 64，远远低于旧特征维度 1024，且新特征对笔画的细微变化不敏感，具有较好的鲁棒性。

为了对比新旧特征，这里使用 KNN 算法，只是新特征提取及使用阶段稍有差异。在实验阶段，为了规避数据处理带来的不便，按照图 4-21 所示的新特征提取的方式将原始 UCI 数据转化为行向量，然后将每个样本的标签附在向量

的末尾，在写到文本文件中时数字间用逗号隔开，示例代码如下：

```python
import numpy as np

#提取手写体数字新特征，得到64维的特征向量
def getNewFeature(img):
    #先得到8×8图像
    img_8_8 = np.zeros([8,8]).astype(np.uint8)
    #对8×8个块进行循环
    for i_r in range(8):
        for i_c in range(8):
            #获取每个块
            patch = img[i_r*4:i_r*4+4, i_c*4:i_c*4+4]
            #对当前块求和并将其赋值给新图像
            img_8_8[i_r, i_c] = patch.sum()
    #变为行向量，以得到新特征
    new_feature = img_8_8.reshape([1,64], order='C')
    return new_feature

train_test = ('train', 'test')
for label in train_test:
    #从以下文件读入旧特征
    f_old_feature = open('../data/handwritten_digits/UCI_digits/UCI_digits.%s'%(label), 'r')
    #将新特征保存到以下文件中
    f_new_feature = open('../data/handwritten_digits/UCI_digits/UCI_digits_features.%s'%(label), 'w')
    while True:
        line = f_old_feature.readline()
        if not line:
            break
        #读取旧特征
        T = [int(t) for t in line.strip()]
        #将旧特征转回到图像
        img = np.array(T[:-1])
        img = img.reshape(32, 32)
        #提取新特征
        F = getNewFeature(img)
```

```
            #将新特征转换为字符串
            F = [str(tmp) for tmp in F[0]]
            #将标签附于末尾
            F.append(str(T[-1]))
            #得到新特征的字符串形式
            F_str = ','.join(F)
            #将新特征连同标签写入文件
            f_new_feature.write(F_str+'\n')
    f_old_feature.close()
    f_new_feature.close()
```

运行这段代码，控制台不显示输出结果，可在"人工智能代码与数据\第四章\data\handwritten_digits\UCI_digits"中看到处理好的两个文件。如图 4-22 所示，文件类型是 TEST 的文件保存了测试集，文件类型是 TRAIN 的文件保存了训练集。这两个文件中的每行均是用逗号隔开的 65 个数字，表示一个完整的样本。每行的前 64 个数字表示样本的特征，最后一个数字表示样本的标签。

图 4-22　保存新特征的文件名

以上对于函数的定义中使用了 NumPy 包，它是 Python 语言的一个扩展程序库，可以创建各种维度的数组，并支持对数组的增、删、维度调整等，且针对数组运算提供大量的数学函数库。使用 NumPy 前需要导入该库，常常约定俗成地取别名为 np，示例代码如下：

```
import numpy as np
```

## 程序实现

在读取新特征时，新特征的元素之间用逗号隔开，在测试阶段还需提取图 4-7 中二值图像的特征。在读入图像后进入提取新特征阶段，为了简化代码、实现功能模块化，需要使用函数实现特征提取，在测试阶段可调用函数 getNewFeature() 来实现，示例代码如下：

```python
import numpy as np

#提取手写体数字新特征，得到64维的特征向量
def getNewFeature(img):
    #先得到8×8图像
    img_8_8 = np.zeros([8,8]).astype(np.uint8)
    #对8×8个块进行循环
    for i_r in range(8):
        for i_c in range(8):
            #获取每个块
            patch = img[i_r*4:i_r*4+4, i_c*4:i_c*4+4]
            #对当前块求和并将其赋值给新图像
            img_8_8[i_r, i_c] = patch.sum()
    #变为行向量，以得到新特征
    new_feature = img_8_8.reshape([1,64], order='C')
    #转为浮点型，便于后续计算
    new_feature = new_feature.astype(np.float64)
    return new_feature

#读取新特征的训练集
f_train = open('../data/handwritten_digits/UCI_digits/UCI_digits_features.train', 'r')
X_train = []
Y_train = []
while True:
    line = f_train.readline()
    if not line:
        break
    T = [float(t) for t in line.split(',')]
    X_train.append(T[:-1])
    Y_train.append(T[-1])
f_train.close()

#读取新特征的测试集
f_test = open('../data/handwritten_digits/UCI_digits/UCI_digits_features.test', 'r')
X_test_UCI = []
Y_test_UCI = []
while True:
```

```python
        line = f_test.readline()
        if not line:
            break
        T = [float(t) for t in line.split(',')]
        X_test_UCI.append(T[:-1])
        Y_test_UCI.append(T[-1])
f_test.close()

#导入 os 模块
import os
test_img_path = '../data/handwritten_digits/digits_img_32_32/'
#使用 os 模块中的函数 walk()获取指定路径下的所有文件名
#文件名保存在 files 中
for _, _, files in os.walk(test_img_path):
    break

#skimage 是专门用来处理数字图像的一个包
#该包中的 io 模块包含了图像读入、写出等函数
#这里使用该模块中的 imread 来读入图像
from skimage import io
X_test_ours = []
Y_test_ours = []
for i, file in enumerate(files):
    im = io.imread(test_img_path+file)
    im = im/255
    nf = getNewFeature(im)
    X_test_ours.append(nf[0])
    Y_test_ours.append(int(file[13]))

#从 sklearn.neighbors 里导出 KNN 模型 KNeighborsClassifier
from sklearn.neighbors import KNeighborsClassifier
#使用 K 近邻分类器对测试数据进行类别预测,
#预测结果储存在变量 y_predict 中。
#weights='distance','uniform'
#algorithm='brute','kd_tree','ball_tree','auto'
#实例化类，参数 n_neighbors 即为 KNN 模型中的 k
knc = KNeighborsClassifier(
                    n_neighbors=5,
                    metric='minkowski',
                    p=2,
```

```
                        weights='distance',
                        algorithm='kd_tree',
                        leaf_size=30
                        )
#训练模型
knc.fit(X_train, Y_train)

#计算KNN算法在UCI测试集上的准确率
score_UCI = knc.score(X_test_UCI, Y_test_UCI)
score_UCI_str = 'KNN在UCI测试集上的准确率为：%.02f'%(score_UCI)
print(score_UCI_str)
#计算KNN算法在图像测试集上的准确率
score_ours = knc.score(X_test_ours, Y_test_ours)
score_ours_str = 'KNN在图像测试集上的准确率为：%.02f'%(score_ours)
print(score_ours_str)

#预测自制测试集的结果
Y_predict_ours = knc.predict(X_test_ours)
import matplotlib.pyplot as plt
plt.figure(1)
for i, file in enumerate(files):
    im = io.imread(test_img_path+file)
    plt.subplot(4,8,i+1)
    if (i+1)%8 == 1:
        plt.imshow(im, cmap = 'gray')
        label = '预测:%d'%(int(Y_predict_ours[i]))
        plt.title(label,fontproperties="SimHei",
                  size = 12, loc = 'left')
        plt.xticks([])
        plt.yticks([])
    else:
        plt.imshow(im, cmap = 'gray')
        plt.xticks([])
        plt.yticks([])
        plt.title(int(Y_predict_ours[i]),
                  fontproperties="times new roman", size = 12)
plt.show()
```

输出结果如下：

KNN算法在UCI测试集上的准确率为：0.98
KNN算法在图像测试集上的准确率为：0.88

最后输出新特征下的准确率如图 4-23 所示，共有 4 幅图像样本预测错误：将一个 4 预测为 1，将三个 9 预测为 7。对比旧特征下 KNN 的 7 个错误结果，准确率从原来的 0.78 提升到 0.88，可见新特征大幅提升了模型的分类能力。在图像测试集上准确率的大幅提升说明新特征注意到用于训练的样本由外国人书写，与国内书写习惯有较大差异，对笔画有较强的鲁棒性，提升了模型的泛化能力。

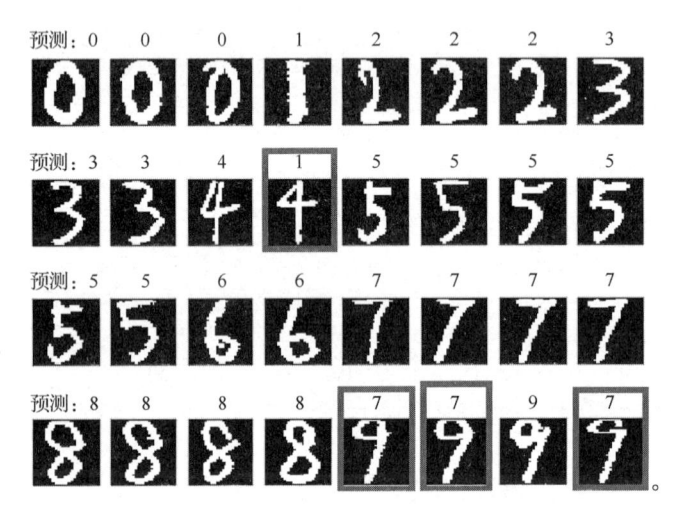

图 4-23　使用新特征时 KNN 模型的预测结果

## 4.4.2　数据标准化

提取特征是特征工程最重要的一项工作，样本特征的优劣直接决定机器学习模型能够达到的高度。特征确定后，还有很多工作需要完成。例如，在有些问题中，众多特征存在冗余问题，如果使用全部特征会增加计算量，同时冗余信息也会干扰模型。此时需要使用一些技巧进行特征选择或者特征降维。特征选择已经超出本书的讨论范围，这里不予详述，特征降维将在后文详述。在现实生活中，各特征的量纲和数值的量级可能不同，如果直接使用原始数据可能出现大数吃小数的情况，即数值较大的特征会显著影响目标的预测，数值小的特征作用变小。这就需要对特征做标准化处理，使得不同的特征具有相同的尺度（即将特征的值控制在某个范围内），从而使不同特征对目标预测的影响程度保持一致。此外，数据标准化也可以去除数据的单位限制，将其转化为无量纲

的纯数值。简而言之，对数据做标准化处理的目的是消除特征之间的差异性，便于特征一心一意地学习权重。

数据标准化的方法众多，其中最具代表性的两种方法是数据归一化和 Z-Score 标准化。数据归一化是指将数据统一映射到[0,1]区间上，常见的方法有 Min-Max 标准化和正规化（Normalization）。

Min-Max 标准化是对每个维度的特征进行归一化，即将每个量减去最小值，再除以该维度上的最大值与最小值之差，这样原来的最大值变为 1，原来的最小值变为 0。

正规化是对样本进行归一，经过正规化后的样本，其到坐标原点的欧几里得距离均为 1。正规化的过程就是每个样本除以它到原点的距离的过程。

Z-Score 标准化与 Min-Max 标准化一样，是对每个维度的特征进行处理，处理方式：每个维度的特征减去该维度的平均值再除以该维度的标准差。这一过程统一了数据标准，提高了数据的可比性。其显著特点是，经过变换，每个特征维度的均值都是 0，标准差都是 1。

在使用时，要根据实际问题和所选择的机器学习模型来选择合适的标准化方法。针对手写体数字识别问题和所选择的 KNN 模型，考虑到 KNN 模型是基于距离来进行分类的，所以应该进行正规化。

Sklearn 不仅封装了各种模型算法，也封装了数据预处理的功能，这些功能封装在 Preprocessing 包中。Min-Max 标准化、正规化和 Z-Score 标准化的方法均在该包中，且分别由 MinMaxScaler 类、Normalizer 类和 StandardScaler 类来实现。三个类的使用方法相同，这里给出 Normalizer 类的使用示例，在 4.4.1 程序实现部分代码的基础上，将下面的代码放到 "#从 sklearn.neighbors 里导出 KNN 模型 KNeighborsClassifier" 这段代码的前面即可，示例代码如下：

```
from sklearn.preprocessing import Normalizer
##对训练和测试的特征数据进行归一化
ss = Normalizer()
X_train = ss.fit_transform(X_train)
X_test_UCI = ss.transform(X_test_UCI)
X_test_ours = ss.transform(X_test_ours)
```

输出结果如下：

KNN 在 UCI 测试集上的准确率为 0.98
KNN 在图像测试集上的准确率为 0.94

将新特征正规化后，KNN 模型的输出如图 4-24 所示。与图 4-23 的预测结果相比，使用了数据标准化技术以后，准确率从原来的 0.88 大幅提升为 0.94。数据标准化前有 4 个数字识别错误，标准化后只剩下 2 个数字识别错误。由此可以看出，数据标准化技术对结果有很大影响。不过遗憾的是，在标准化方法的选择上没有统一标准，只能不断摸索和尝试。

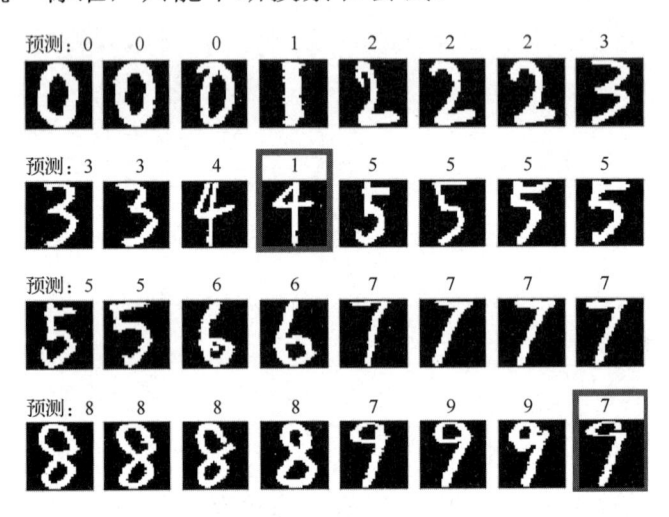

图 4-24 对数据正规化后的 KNN 结果

特征工程是一个大工程，除了包含上述介绍的内容，还涉及数据清洗、特征筛选、特征降维和特征监控等内容。除了特征降维，其他内容大都超出了本书讨论范围，所以不做深入讨论。

## 4.4.3 超参数搜索

超参数是在开始学习之前设置值的参数，而不是通过训练得到的参数数据。例如，KNN 算法中的 $k$、支持向量机中的 $C$ 均是超参数。超参数可以通过经验设置，但是这样往往无法得到最优参数。通常情况下，在机器学习过程中需要对超参数进行优化，给模型选择一组最优超参数，以提高学习的性能和效果。

常用的超参数搜索有网格搜索、随机搜索和启发式搜索，其中，网格搜索是通过循环对所有候选参数进行遍历，尝试每一种参数的各种可能性，选取表现最好的参数作为最终的参数结果，搜索过程采用暴力搜索的方式进行，所以在参数可能取值较多的情况下，搜索较为耗时。code 文件夹中有超参数的示例代码，运行代码非常耗时，这里不再赘述。

## 4.4.4 模型验证

在机器学习中，模型检验和交叉验证是常用方法，特别是在相同的数据和任务下，对不同的模型配置、特征组合进行评价的时候。因为在解决实际问题中，只可以一次性提交对测试集的预测结果，而且正确答案不可能预先知晓。即不可能借助测试集给出模型的客观评价，所以要使用模型检验和交叉验证。

这就要求充分使用现有数据。通常的做法是对现有数据进行采样分割：一部分数据用于模型参数训练，称为"训练集"；另一部分数据用于调整优化模型配置（如超参数选择）和特征选择等，并且对模型的性能做出评估，这个数据集常称作"开发集"，也叫作"验证集"。

最简单的模型验证方式为"留出法"，该方法从任务提供的数据中，按一定比例随机选取一部分作为训练集，剩下的作为验证集。目前比较通用的做法是按照 7:3 的比例随机划分训练集和验证集。

但是留出法受随机采样的影响，模型性能的评价不很稳定，而且一旦划分出训练集和验证集，验证集中的样本不会参与到模型的训练中，致使原本珍贵的数据有所浪费。一种更好的方式称为"交叉验证"，交叉验证可以理解为实施了多次留出法的过程，但要保证每次使用的验证集互斥，且要保证每一条可用数据都被验证过。交叉验证的步骤如下：

（1）将原始数据不重复地随机分为 $k$ 份。

（2）每次挑选其中 1 份作为验证集，剩余 $k-1$ 份作为训练集。在该训练集上训练后得到一个模型，用这个模型在相应的测试集上测试，计算并保存模型的评估指标（如分类任务中的准确率）。

（3）重复步骤（2）$k$ 次，这样每个子集都有一次机会作为验证集，其余情况均作为训练集。

（4）计算 $k$ 组测试结果的平均值，将其作为模型的性能指标。

以上过程称为 $k$ 折交叉验证，通过对 $k$ 个不同分组的训练结果进行平均来减少方差，可以避免"留出法"对数据划分较敏感的问题。

如果数据量较小，$k$ 通常取稍大一些的值，这样训练集占整体比例就比较大，不过训练的模型个数也会增多。如果数据量较大，$k$ 可以取得小一点。如果 $k$ 取值为样本总数时，称为"留一法"，此时每轮的验证集都只有一个样本。例如，$k$ 取 10，此时的交叉验证过程如图 4-25 所示。

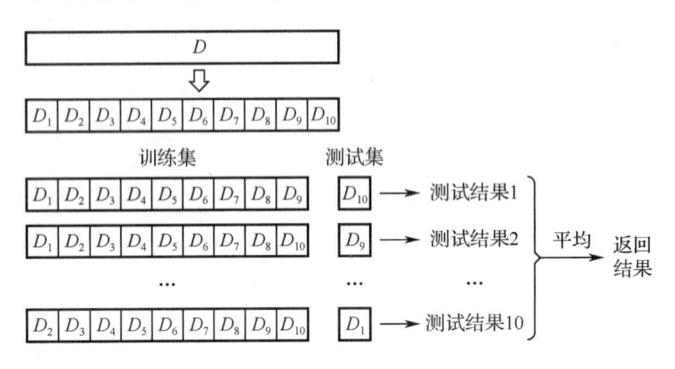

图 4-25 交叉验证过程示意图

一般情况下网格搜索需要和交叉验证结合使用，Sklearn 中提供了现成的类——GridSearchCV，该类封装在 Model-Selection 包中。由于特征准备部分的代码与 4.4.2 数据标准化的代码一致，包括提取手写体数字新特征、读取新特征的训练集、读取新特征的测试集、导入 OS 模块、读入图像的部分，这里只给出后面进行标准化和预测的代码。示例代码如下：

```
from sklearn.preprocessing import StandardScaler
##对训练和测试的特征数据进行标准化。
ss = StandardScaler()
X_train = ss.fit_transform(X_train)
X_test_ours = ss.transform(X_test_ours)

#从sklearn.svm里导出用于分类的SVM模型SVC
from sklearn.svm import SVC

#使用SVM分类器对测试数据进行类别预测，
#预测结果储存在变量y_predict中。
#实例化类，参数kernel即为支持向量机的核：
#rbf为高斯核，适用于线性不可分问题
#linear为线性核，适用于线性可分问题
#C为惩罚系数，调节软间隔的参数，默认为1
#gamma为高斯核的参数
svc = SVC()
```

```python
#使用网格搜索确定超参数
from sklearn.model_selection import GridSearchCV
#设置超参数
parameters = {'kernel':['rbf', 'linear'],
              'C':[0.001, 0.01, 0.1, 1.0, 10.0, 100.0],
              'gamma':[0.001, 0.01, 0.1, 1.0, 10.0, 100.0]}
#超参数搜索
gsc = GridSearchCV(svc, parameters, cv=5, n_jobs = -1,
                   verbose = 3)
#verbose
gsc.fit(X_train, Y_train)

print("最优超参为:{}".format(gsc.best_params_))

#计算 KNN 在图像测试集上的准确率
score_ours = gsc.score(X_test_ours, Y_test_ours)
score_ours_str = 'SVM在图像测试集上的准确率为：%.02f'%(score_ours)
print(score_ours_str)

#预测自制测试集的结果
Y_predict_ours = gsc.predict(X_test_ours)
import matplotlib.pyplot as plt
plt.figure(1)
for i, file in enumerate(files):
    im = io.imread(test_img_path+file)
    plt.subplot(4,8,i+1)
    if (i+1)%8 == 1:
        plt.imshow(im, cmap = 'gray')
        label = '预测:%d'%(int(Y_predict_ours[i]))
        plt.title(label,fontproperties="SimHei", size = 12, loc = 'left')
        plt.xticks([])
        plt.yticks([])
    else:
        plt.imshow(im, cmap = 'gray')
        plt.xticks([])
        plt.yticks([])
        plt.title(int(Y_predict_ours[i]),fontproperties="times
```

> GridSearchCV 的第一个参数是模型，svc 是支持向量机分类模型；第二个参数 parameters 是字典，该类导入定义了需要搜索的超参数，以及该参数的取值范围；第三个参数 cv 表示 $k$ 折交叉验证的 $k$；第四个参数 n_jobs 是用于并行的 CPU 的核心数，-1 表示使用所有核。

```
new roman", size = 12)
    plt.show()
```

输出结果如下：

SVM 在图像测试集上的准确率为 0.91

SVM 在图像测试集上的预测结果如图 4-26 所示。

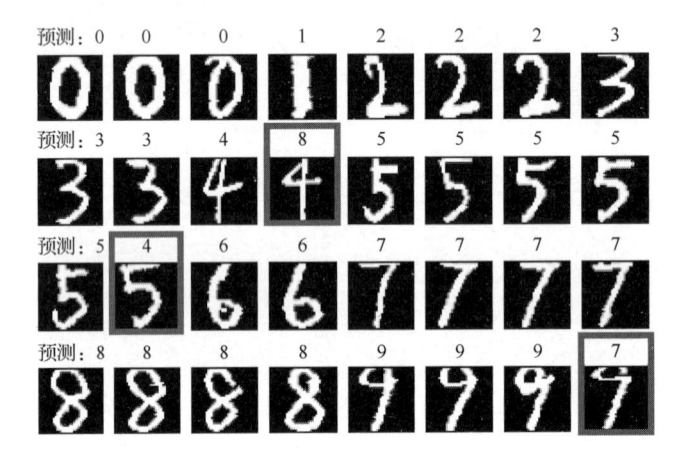

图 4-26　SVM 在图像测试集上的预测结果

## 4.5　无监督学习

### 4.5.1　聚类

　　起初，教小明识数的任务是通过训练让小明能够认识手写体数字，现在我们把难度稍降低一些：小明只要能将相同的数字归到一类，不同的数字分开即可。小明在学习的时候，他无须关心数字是几，只须完成"这两个数字的笔画很像，归到一类"的分类工作，"那两个数字的笔画不同，不应该归到一类"。
　　这个任务可以通过聚类完成，该任务与本章前几节的分类问题有显著区别。分类问题和回归问题是有监督学习，其特点是学习模型所用数据带有标签。与此相反，聚类不需要带标签的训练数据，这样的学习方法称为无监督学习。
　　聚类算法是机器学习中涉及对数据进行分组的一种算法。针对给定的数据

集，通过聚类算法可以将数据集分成一些不同的组：相同组内的数据之间有相似的属性或特征，不同组之间数据的属性或者特征相差较大。聚类算法作为一种常用的数据分析算法，其在很多领域均有广泛应用。例如，将图像中不同前景和背景分离的图像分割、根据文本内容的相似性进行的网页聚类、通过浏览和购买商品的习惯及行为进行的电商用户聚类，等等。

在众多聚类算法中，K-Means 算法是使用最普遍、经典的算法之一，其操作步骤如下：

（1）确定要聚类的数量 $k$。

（2）从训练集中随机选择 $k$ 个样本作为初始的类别中心。

（3）计算每个样本与当前类别中心之间的距离，将当前样本归到距离最小的类别中。

（4）基于步骤（3）的结果，计算每一类内所有样本的平均值，作为新的类别中心。

（5）重复步骤（3），直至类别中心不再发生变化。

K-Means 算法有很多优点，例如，计算复杂度低，只须计算样本与中心的距离即可；算法原理简单，易于解释并便于实现；大多数问题中的聚类效果较理想。但是该算法也有不足之处，例如，算法对异常值较为敏感，需要提前确定 $k$ 值，分类结果依赖于分类中心的初始化。这些问题可以通过一些技术手段加以改进，例如，在步骤（4）中，用最接近均值的样本作为类别中心，可以在一定程度上降低算法对异常值的敏感性；通常情况下，可以多次使用 K-Means，最后选取最优的聚类结果，这样可以减小分类中心初始化带来的影响。至于 $k$ 值的选取可以结合经验和背景知识，通过试验的方式来确定。

## 4.5.2 降维

手写体数字特征的维度是 1024，一方面维度高带来较高的运算成本，另一方面，高维度的特征容易出现数据冗余。这一现象正是机器学习中经常会碰到的"维度灾难"问题，即在高维数据情形下会出现数据样本稀疏，计算距离困难等问题，而且在高维特征中特征之间容易具有线性相关性，这意味着特征出现冗余。

在此背景下，降维算法应运而生：维度灾难为降维提供了需求，特征冗余为降维提供了可能。此外，降维有助于直观地理解特征，因为理解几百个维度的数据结构很困难，但是两三个维度的数据可以通过可视化更直观地理解。

降维的目标是在信息损失最小化的前提下，尽可能地压缩数据，即压缩数据的同时要让信息量达到最大。为了理解降维的思想，我们先来看看如表 4-2 所示的五位学生两个学期的成绩。

表 4-2　五位学生两个学期的成绩表

| 学期 | 科目 | 学生 1 | 学生 2 | 学生 3 | 学生 4 | 学生 5 |
| --- | --- | --- | --- | --- | --- | --- |
| 第一学期 | 语文/分 | 85 | 85 | 85 | 85 | 85 |
|  | 数学/分 | 64 | 78 | 80 | 96 | 97 |
| 第二学期 | 语文/分 | 70 | 80 | 80 | 85 | 90 |
|  | 数学/分 | 80 | 84 | 88 | 96 | 96 |

现在需要对这五位学生进行考查，先看第一学期的情况，如图 4-27（a）所示，将数学成绩投影到纵轴，将语文成绩投影到横轴，可以发现这五位学生的语文成绩相同，没有任何区分度，所以此时只需要根据数学成绩区分这五位学生。

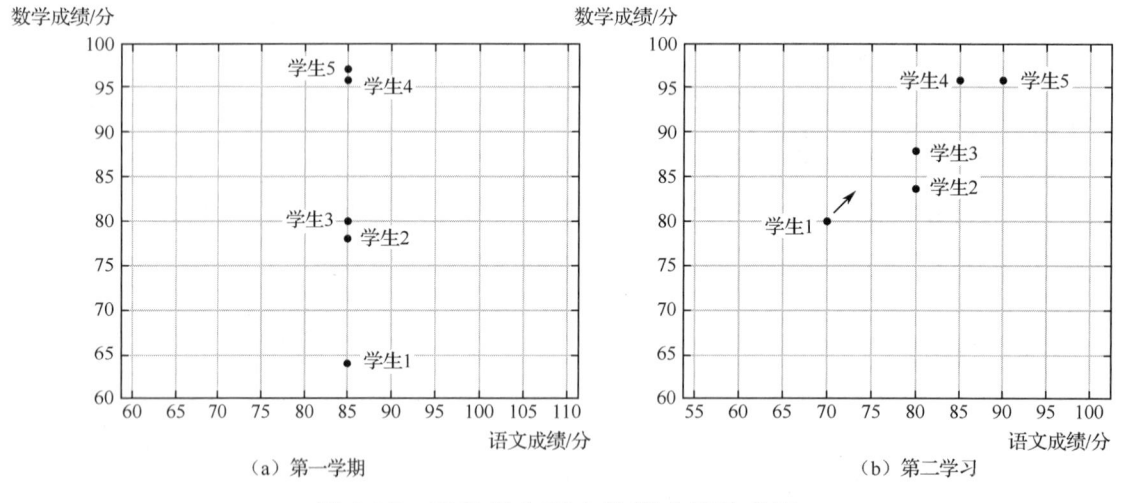

图 4-27　五位学生两个学期成绩散点图

接下来看第二学期的成绩情况，其散点图如图 4-27（b）所示。从图上来看，横轴和纵轴显然都不是理想的投影方向：将数据投影到横轴（即只考虑语文成绩），无法区分学生 2 和学生 3；而将数据投影到纵轴（即只考虑数学成绩），又无法区分学生 4 和学生 5。直观来看，此时将数据投影到箭头所在向量，应

该能够最大程度地区分数据。这个向量称为第一主成分,确定主成分的方法称为主成分分析(Principal Component Analysis,PCA),该算法是众多降维方法中的一种,属于线性降维方法。

以上讨论了二维特征的降维问题,此时用 PCA 算法计算第一主成分即可。如果是更高维度的特征,可能需要保留更多主成分。例如,我们在对三维模型进行观察时,实际上是将其投影到二维平面上。不同投影面上的信息量显然有所差异。如图 4-28 所示,前三种投影信息量显然不足:第一幅缺少壶嘴信息,第二幅缺少壶把信息,第三幅缺少壶身信息。这三种投影显然不是最理想的降维方式,反观最后一个投影,壶的重要信息(第一和第二主成分)均保留下来,这是理想的降维方式。

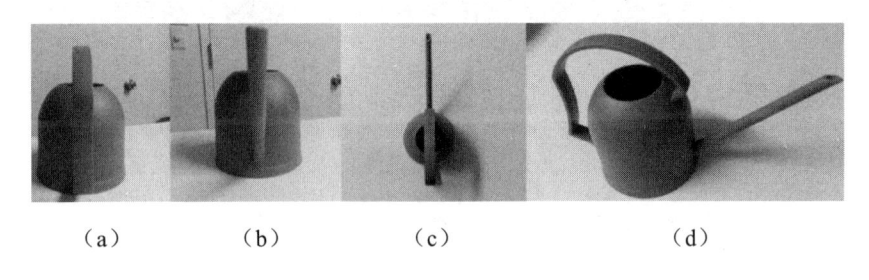

图 4-28 三维特征的降维示例

PCA 算法的实现需要用到矩阵的特征根分解,已经超出本书范围,不做深入探讨,这里只给出包的使用方法。PCA 算法封装在 Sklearn 的 Decomposition 包中,调用时需要使用导入算法并初始化,示例代码如下:

```
From sklearn.decomposition import PCA
pca=PCA(n_components = k)
```

其中,参数 components 可以使用设置降维后的维度,它可以取大于 0 的整数,也可以取 0~1 的浮点数。如果取整数,就是降维后的维度;如果取浮点数,表示降维后保留信息的百分比,此时算法会自动算出维度 $k$,例如,该参数设置为 0.95,意味着算法会自动选择 $k$,使得降到当前维度下只损失 5%的信息,有 95%的信息被保留下来。这个参数的取值需要结合实际问题根据需求来取。如果取值太小,可能会丢失过多信息,从而导致后续的分类或者聚类不理想;如果取值太大,可能达不到降维的目的,所以在取值时可以根据实际情况进行权衡。

## 案例分析

在无标签的情况下，如何给出手写体数字的分类呢？为简单起见，这里只选择 0，5，7 这三个类别。数据仍然使用 UCI 手写体数据集，且使用 1024 维特征，这些特征保存在文件夹 UCI_digits 中，这里不需要标签，所以只使用特征而不用标签。

整体思路：首先使用如图 4-29 所示的 UCI 手写体数据训练聚类模型，即计算类别中心，然后计算如图 4-30 所示的相关样本与类别中心的距离，通过距离决定当前样本归属于哪个组。

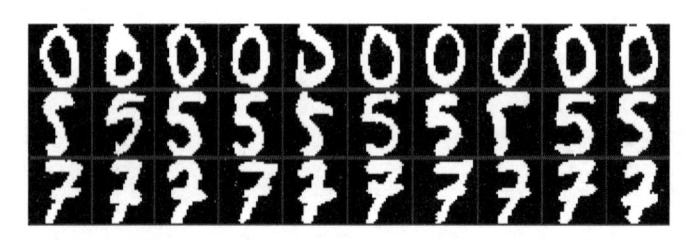

图 4-29 UCI 手写体数据训练聚类模型

当前问题中并没有标签，为了与此条件一致，这里不再用 0，5，7 来描述组别，只用第 1 组、第 2 组和第 3 组来描述，这三组分别对应图 4-29 中的第 1 行、第 2 行和第 3 行，每个组别有 10 条数据，从这些数据来看，第 1 组各样本之间的笔画区别不是很大，第 2 组和第 3 组的笔画区别会大一些，而且第 3 组中笔画与国内的手写体习惯不同。

图 4-30 从图 4-4 分割出来的部分样本

如果直接使用原始的 1024 维特征，一方面会增加 K-Means 聚类算法的运算成本，另一方面不便于理解聚类结果。为了降低计算成本，也为了分别在二维平面和三维空间中可视化地理解聚类结果，这里使用 PCA 算法先将特征降到二维和三维，然后再使用聚类算法。

已经知道有三类数据，所以将 K-Means 的参数 $k$ 设置为 3。需要分别在二维平面和三维空间中展示聚类结果，所以 PCA 算法的维度参数应该分别设置为 2 和 3。

## 程序实现

示例代码如下：

```
import numpy as np

#选择数字
num = (0, 5, 7)

#读取原始特征的训练集
f_train = open('../data/handwritten_digits/UCI_digits/UCI_digits.train', 'r')
X_train = []
Y_train = []
while True:
    line = f_train.readline()
    if not line:
        break
    T = [float(t) for t in line.strip()]
    if T[-1] == num[0] or T[-1] == num[1] or T[-1] == num[2]:
        X_train.append(T[:-1])
        Y_train.append(T[-1])
f_train.close()

#读取原始特征的测试集
f_test = open('../data/handwritten_digits/UCI_digits/UCI_digits.test', 'r')
X_test = []
Y_test = []
while True:
    line = f_test.readline()
    if not line:
        break
    T = [float(t) for t in line.strip()]
    if T[-1] == num[0] or T[-1] == num[1] or T[-1] == num[2]:
        X_test.append(T[:-1])
        Y_test.append(T[-1])
f_test.close()

#选取前面60个样本
```

```
X_test = X_test[:60]
Y_test = Y_test[:60]

#导入 os 模块
import os
test_img_path = '../data/handwritten_digits/digits_img_32_32/'
#使用 os 模块中的函数 walk()获取指定路径下的所有文件名
#文件名保存在 files 中
for _, _, files in os.walk(test_img_path):
    break

#skimage 是专门用来处理数字图像的一个包
#该包中的 io 模块包含了图像读入、写出等函数
#这里使用该模块中的 imread 来读入图像
from skimage import io
X_test_ours = []
Y_test_ours = []
for i, file in enumerate(files):
    if int(file[13]) != num[0] and int(file[13]) != num[1] and int(file[13]) != num[2]:
        continue
    im = io.imread(test_img_path+file)
    im = im/255
    im = im.reshape((1, -1))
    X_test_ours.append(im[0])
    Y_test_ours.append(int(file[13]))

#将训练和测试的特征数据归一化
from sklearn.preprocessing import StandardScaler
ss = StandardScaler()
X_train = ss.fit_transform(X_train)
X_test= ss.transform(X_test)
X_test_ours = ss.transform(X_test_ours)

#先使用 PCA 降维
from sklearn.decomposition import PCA
pca = PCA(n_components = 2)
X_train = pca.fit_transform(X_train)
X_test_ours = pca.transform(X_test_ours)
X_test = pca.transform(X_test)
```

> 在二维平面上展示结果时，这个参数设置为 2；在三维空间展示结果时，该参数设置为 3。

```python
#从 sklearn.cluster 里导入 K 均值聚类模型 K-Means
from sklearn.cluster import KMeans
kms = KMeans(n_clusters=3, random_state = 0)
kms.fit(X_train)
centers = kms.cluster_centers_

#预测测试集的结果
labels_test = kms.predict(X_test)
labels_ours = kms.predict(X_test_ours)

#可视化结果
import matplotlib.pyplot as plt
plt.figure(1)
markers = {num[0]:'o', num[1]:'<', num[2]:'*'}
colors = ['b','g','r']
unique_lables = set(labels_test)
print(unique_lables)
for label, color, m in zip(unique_lables, colors, markers):
    data = [X_test[i] for i in range(len(X_test))
            if labels_test[i] == label]
    Y = [Y_test[i] for i in range(len(X_test))
         if labels_test[i] == label]
    for idx in range(len(data)):
        x = data[idx][0]
        y = data[idx][1]
        plt.scatter(x, y,
            marker = markers[Y[idx]],
            c = color,
            s = 6)

for k, m, color in zip(unique_lables, markers, colors):
    ct = centers[k]
    plt.scatter(ct[0], ct[1],
            marker = 'x',
            c= color,
            s=80)

for label, color in zip(unique_lables,colors):
```

> 使用 K-Means 进行聚类。从 cluster 模块中导入 K-Means 类，然后在实例化该类时输入参数 n_clusters，该参数表示类别的数目。本例中只有 3 类，所以该参数设置为 3。之后便可以使用成员函数 fit() 进行训练，即计算三个类别中心。类别中心保存在成员变量 cluster_centers_ 中，这里将其赋值给 centers。

> 变量 X_test 包含 60 个样本，变量 X_test_ours 共有 13 个样本。

```
        data = [X_test_ours[i] for i in range(len(X_test_ours))
               if labels_ours[i] == label]
        Y = [Y_test_ours[i] for i in range(len(X_test_ours))
               if labels_ours[i] == label]
        for idx in range(len(data)):
            x = data[idx][0]
            y = data[idx][1]
            plt.scatter(x, y,
                marker = markers[Y[idx]],
                c = color,
                s = 30)
plt.show()
```

输出结果如下:

```
{0, 1, 2}
```

二维情形下的聚类结果如图 4-31 所示,其中,圆形表示第 1 类样本(即 0),三角形表示第 2 类样本(即 5),星形表示第 3 类样本(即 7)。"×"是类别中心,三个×分别对应着三个类别中心。每个类别里尺寸最小的对应 X_test 变量,大一些的样本对应 X_test_ours 变量。预测结果的类别用不同形状表示,类别与中心相同的样本,它们的形状相同。

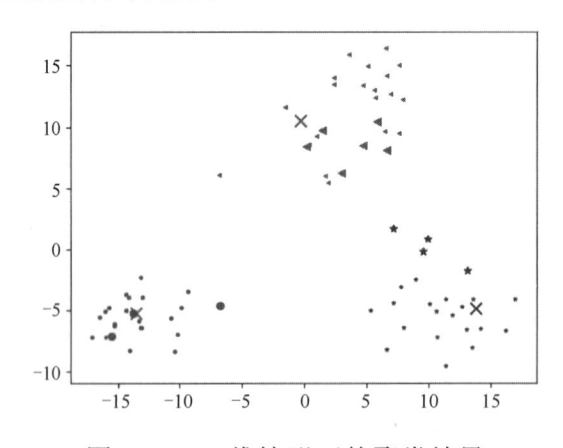

图 4-31 二维情形下的聚类结果

分析图 4-31,相同形状的样本具有相同的形状,说明 60 个 UCI 测试样本和手写的 13 个样本均能正确归类。圆形样本对应于第 1 类,即手写体数字 0。圆形样本相对集中,三角形和星形样本相对分散,这与图 4-29 所示的结果一致,即 0 样本的笔画差别较小,5 和 7 样本的笔画差别较大。再看圆形中较大的三

个样本，它们正是图 4-30 中的第 1 类（即 0）。其中，有两个稍大的相对集中，靠近中心，另外一个相对远离中心。说明有两个相对规范，另外一个笔画稍潦草。这与图 4-30 所示的结果一致，图 4-30 中前两个 0 相对规范，第三个 0 上方的笔画有些出头，导致不够规范。三角形中较大的六个样本对应于图 4-30 中的第 2 类（即 5），它们距离类别中心较近，而且分布在小三角形中间，说明这六个样本的笔画与 UCI 数据的差别不是很大。反观星形样本中，四个较大者对应于图 4-30 中的第 3 类（即 7），它们远离其他小星形样本，说明这四个样本的笔画与 UCI 数据的笔画差别比较大。事实上，这类样本是手写体数字 7，笔者遵循国内的习惯来书写的，笔画对应于图 4-30 中的第 3 类，而 UCI 数据集采集自外国人手写体，他们多数人的手写习惯对应于图 4-29 中的第 3 类，可以很明显地看出区别：UCI 数据在数字 7 中间多写了一横。实验结果也验证了这一点。

为了更全面地展示聚类效果，这里给出三维情形下的结果。过程与二维情形类似，只是这里在降维时将维度修改为 3，核心代码为：

pca = PCA(n_components = 3)。

降维之后再使用 K-Means 进行聚类，可视化示例代码如下，其余代码与二维一致。

```
#可视化结果
from mpl_toolkits import mplot3d
import matplotlib.pyplot as plt
plt.figure(1)
ax = plt.axes(projection='3d')
markers = {num[0]:'o', num[1]:'<', num[2]:'*'}
colors = ['g','r','b']
unique_lables = set(labels_test)

for label,color, m in zip(unique_lables, colors, markers):
    data = [X_test[i] for i in range(len(X_test))
            if labels_test[i] == label]
    Y = [Y_test[i] for i in range(len(X_test))
        if labels_test[i] == label]
    for idx in range(len(data)):
        x = data[idx][0]
        y = data[idx][1]
```

```
        z = data[idx][2]
        ax.scatter3D(x, y, z,
            marker = markers[Y[idx]],
            c = color,
            s = 6)

for k, m, color in zip(unique_lables, markers, colors):
    ct = centers[k]
    ax.scatter3D(ct[0], ct[1], ct[2],
        marker = 'x',
        c= color,
        s=80)

for label, m, color in zip(unique_lables, markers, colors):
    data = [X_test_ours[i] for i in range(len(X_test_ours))
        if labels_ours[i] == label]
    Y = [Y_test_ours[i] for i in range(len(X_test_ours))
        if labels_ours[i] == label]
    for idx in range(len(data)):
        x = data[idx][0]
        y = data[idx][1]
        z = data[idx][2]
        ax.scatter3D(x, y, z,
            marker = markers[Y[idx]],
            c = color,
            s = 30)
plt.show()
```

输出结果如图 4-32 所示。

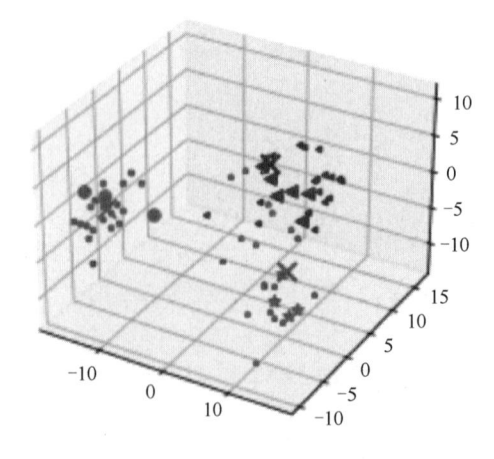

图 4-32　三维情况下的聚类结果

三维图形可以调整视角，有两种方法。

方法一：在如图 4-33 的位置输入语句"%matplotlib qt5"，然后在键盘上单击 Enter 键。

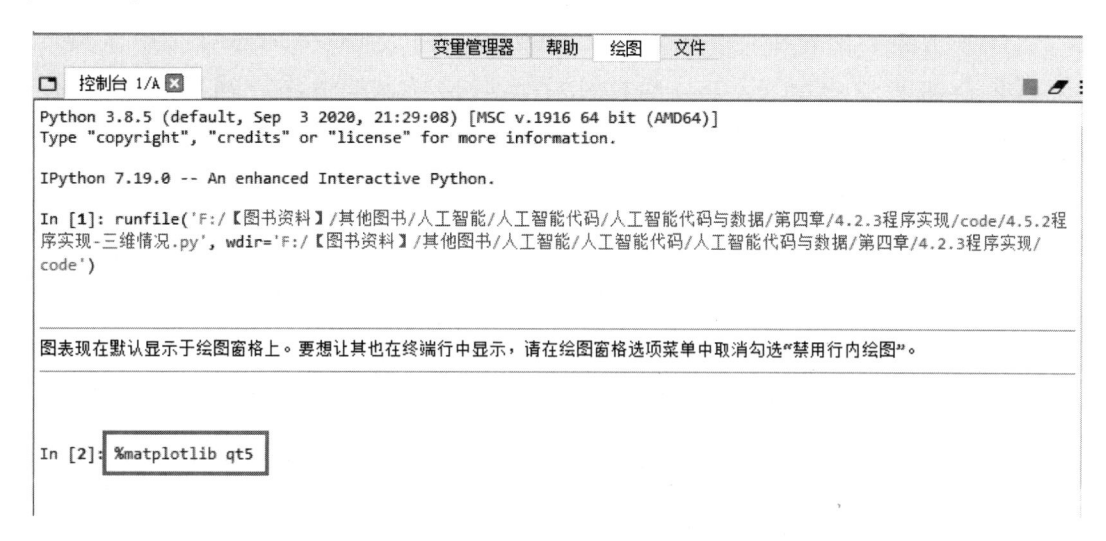

图 4-33　输入语句"%matplotlib qt5"

方法二：在 Spyder 菜单栏单击工具，选择偏好设置，在弹出的对话框中选择 IPython 控制台，单击绘图栏找到后端，单击行内右侧的下拉箭头，找到 Qt5，更换即可，如图 4-34 所示。

图 4-34　更换后端

两种方法任选其一后再次运行程序，会弹出"Figure 1"图形框，将鼠标指针移至框中的图形上单击拖曳即可调整三维图形的视角，如图 4-35 所示，这里给出三个视角下的聚类结果，可以更好地观察聚类效果。图中的形状含义与二维一致，颜色含义稍有不同。这里红色对应第 1 类（即 0），绿色对应第 2 类（即 5），蓝色对应第 3 类（即 7）。分析图中各形状样本的分布，结果和对图 4-31 的分析一致。（彩色图片见封底）

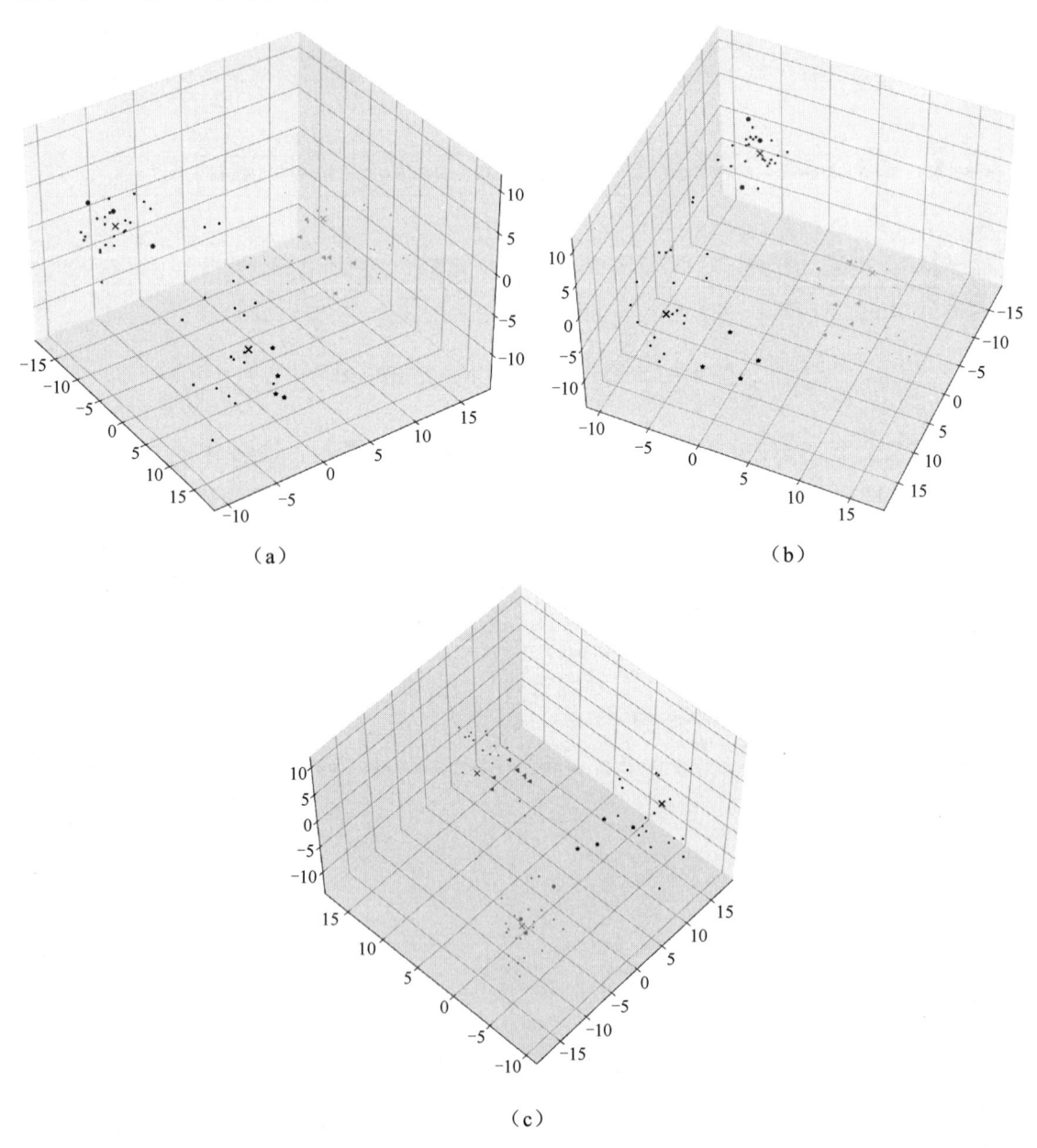

（a）

（b）

（c）

图 4-35　三个视角下的聚类结果

# 第五章

# 深度学习技术

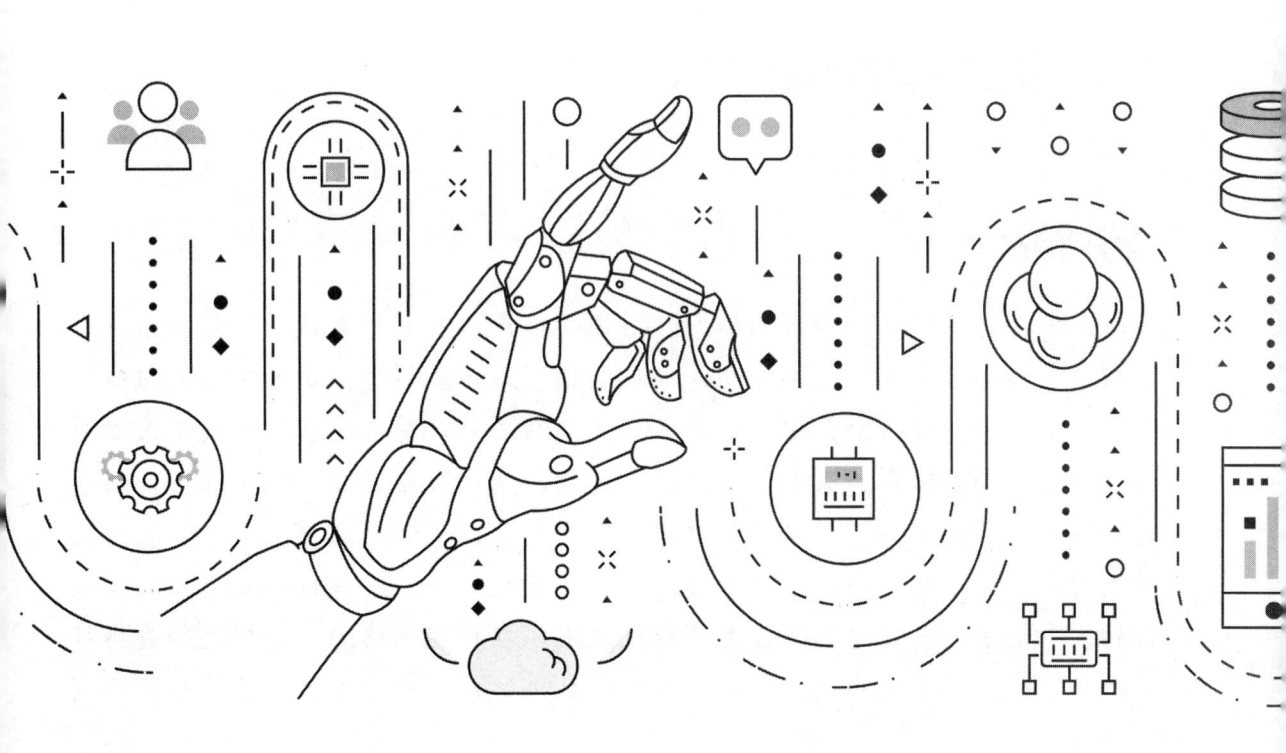

人工智能（Artificial Intelligence，AI）一直是各类媒体的热门话题。机器学习、深度学习和人工智能经常出现在网络和报刊的文章中，这些文章通常都会描述一个聪明的机器人——无人驾驶汽车或虚拟助手，还会把未来社会渲染得很严峻，诸如人类的工作将被 AI 机器人取代，许多人将失去工作，等等。作为人工智能当前和未来的实践者和参与者，我们要从这些过度炒作的新闻中发现改变世界的重大进展，掌握深度学习取得了哪些成果，思考深度学习能为我们做什么。

深度学习是机器学习的一个分支，是一种以人工神经网络为架构，对数据进行表征学习的算法，强调从连续的"层"中学习。"深度学习"中的"深度"并不是指这种算法能获得更深层次的理解，而是指一系列连续的表示层。数据模型中包含多少层，称为模型的"深度"。现代深度学习包含的表示层往往有数十层甚至上百层，这些表示层能从训练数据中自动学习，其他机器学习方法往往只学习一层或两层的数据表示，因此也被称为"浅层学习"。

# 5.1 人工神经网络

## 算法基础

人工神经网络简称神经网络，在机器学习和认知科学领域，神经网络是一种模仿生物神经网络的结构和功能的数学模型或计算模型，用于对函数进行估计或近似。神经网络由大量的人工神经元联结进行计算。大多数情况下人工神经网络能在外界信息的基础上改变内部结构，是一种自适应系统，通俗地讲就是具备学习功能。神经网络是有史以来发明的最优美的编程模式之一。在传统的编程方法中，我们告诉计算机该做什么，将大问题分解成计算机可以轻松执行的多个小的、精确定义的任务。相比之下，在神经网络中，我们无须告诉计算机如何解决我们的问题。相反，它可以从训练数据中学习，自己找出解决问题的方法。

## 5.1.1 神经元模型

大脑的基本计算单位是神经元。在人类神经系统中可以发现大约 860 亿个神经元，并且它们与大约 $10^{14} \sim 10^{15}$ 个突触相连。如图 5-1 所示，为生物学上的神经元结构。

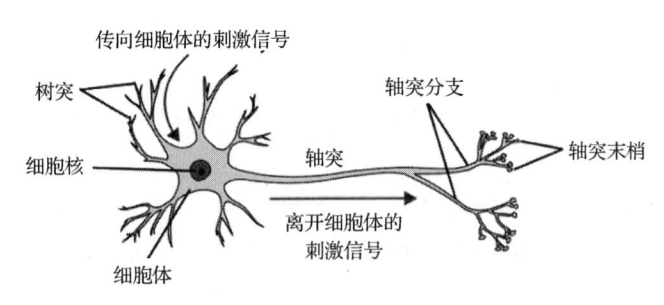

图 5-1 生物学上的神经元结构

神经网络中的最基本成分是神经元。生物的神经元有两种状态：兴奋和抑制。一般情况下，大多数的神经元处于抑制状态。在生物神经网络中，每个神经元与其他神经元或外部源相连，接收输入信号，当它"兴奋"时，就会向相连的神经元发送化学物质，从而改变这些神经元的电位，如果某神经元的电位超过一个阈值，该神经元就会被激活，并将化学物质发送到其他神经元。在人工神经网络中，神经元接收来自 $n$ 个其他神经元或外部源的输入信号，每个输入信号都有一个连接权重，神经元根据权重对接收到的所有输入进行加权求和，将总和与神经元的阈值进行比较，然后通过激活函数处理得到神经元的输出。单个神经元功能比较简单，为了实现复杂功能，需要很多神经元一起协作。当把许多神经元按一定的层次结构连接起来，就得到了神经网络，数学神经元模型示意图如图 5-2 所示。

## 5.1.2 前馈神经网络

前馈神经网络（Feedforward Neural Networks，FNN）是最早发明的人工神经网络，其中单元之间的连接不循环。在该网络中，每个神经元属于不同的层，每层神经元都可以接收来自前一层神经元的信号，并产生一个信号输出到下一

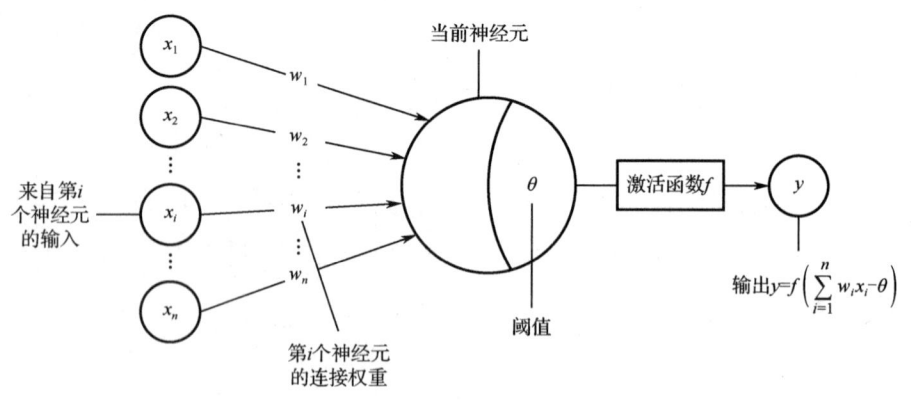

图 5-2 数学神经元模型示意图

层。第 0 层称为输入层（Input layer），最后一层称为输出层（Output layer），其他中间层称为隐藏层（Hidden layer），信号从输入层向输出层单向传播，没有反向回馈。

下面介绍两种类型的前馈神经网络。

### 1．单层感知机

如图 5-3 所示是最简单的前馈神经网络，不包含任何隐藏层，在输入层没有进行计算，输入通过一系列权重的线性组合后直接传递到输出。

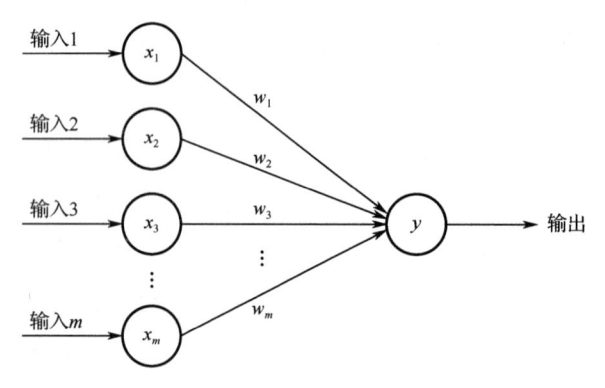

图 5-3 单层感知机

### 2．多层感知机

多层感知机在输入层和输出层之间包含一个或多个隐藏层，如图 5-4 所示，隐藏层和输出层的神经元都拥有激活函数，每层神经元与下一层神经元全部互连，神经元之间不存在同层连接，也不存在跨层连接。在多层感知机网络中，输入层神经元接收外界输入，隐藏层和输出层神经元对信号进行加工处理，最后由输出层神经元输出结果。

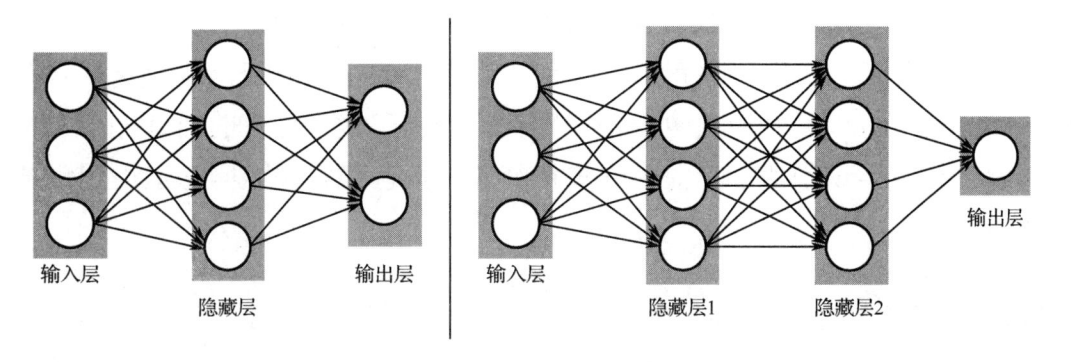

图 5-4　多层感知机

在实际的神经网络中，神经元之间连接数量往往较多，人工设定这些连接的权重（也称为参数）是不可能的，因此从训练数据中学习就成了解决问题的关键。"学习"是指为神经网络的所有层找到一组权重值，使得该网络能够将每个示例输入与其目标正确地一一对应。

# 案例分析

大多数人能轻松地认出如图 5-5 所示的手写数字，但如果尝试写出计算机程序来识别这些数字，则会明显地感到困难。对于识别数字的形状，我们通常会有简单的直觉，例如"9"，会认为顶上有一个圈，右下方有一条竖线。但算法很难把这种直觉表达出来，特别是识别规则越多越精准时，总是会陷入到处理各种异常和特殊情况的困境中。

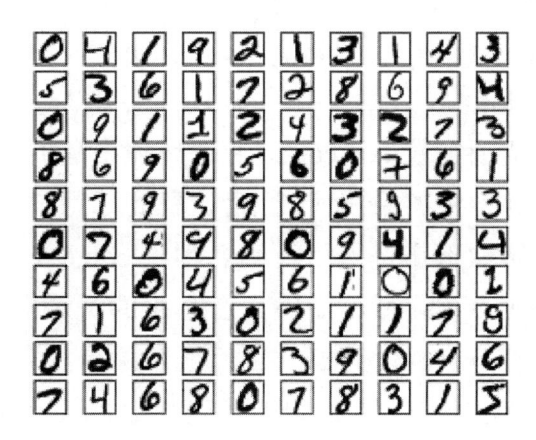

图 5-5　手写数字

神经网络以不同的思路解决这个问题。其核心思想是采集大量手写数字，称为训练样本，然后开发一个可以从这些训练样本中自动学习的系统。换句话说，神经网络使用样本来自动推断用于识别手写数字的规则。此外，通过增加训练样本的数量，神经网络可以学习到更多手写数字的知识，从而提高其准确性。因此我们可以通过使用数千份或数百万份甚至数十亿份的训练样本来构建更好的手写数字识别器。目前，许多银行和邮局已经将神经网络运用到账单核查和地址识别上。

## 程序实现

本节将使用 Python 的 Keras 库来实现一个可以识别手写数字的神经网络，程序代码不到 20 行，但识别准确率可以达到 97.8%。

程序要解决的具体问题是将手写数字的灰度图像划分为 10 个类别（0~9），图像像素大小为 28×28。我们将使用 MNIST 数据集，它是机器学习领域的一个经典数据集。MNIST 数据分为两部分：第一部分包含 60 000 张可用作训练数据的图像，这些图像来自 250 人的扫描手写样本；第二部分包含 10 000 张可用作测试数据的图像，来自另外 250 人的扫描手写样本。测试数据用于评估识别数字神经网络的性能。

本章涉及的程序代码和训练数据都已给出，可以在"人工智能代码与数据\第五章"中找到。执行程序前需要安装 Keras、Pillow 和 Matplotlib 三个 Python 库，具体安装步骤：在 Windows 的"开始"菜单中，找到"Anaconda3"中的"Anaconda Prompt"，在弹出的命令行窗口中分别输入以下命令即可：

conda install keras;

conda install pillow;

conda install matplotlib。

执行本章代码，需要配置 Anaconda 源，环境搭建的步骤如下：

（1）双击"此电脑"中的系统（C）盘，找到"用户"文件夹后双击进入，选择自己的用户名，再次双击进入后找到名为".condarc"的文件夹。

（2）选中该文件夹，单击鼠标右键，在弹出的提示框中单击"打开方式"，选择"记事本"应用打开文件。打开文件后删除原有内容，将以下内容复制到文件后保存。这段内容可以在"人工智能代码与数据\第五章\.condarc"中找到。

```
channels:
  - defaults
show_channel_urls: true
default_channels:
  - https://mirrors.tuna.tsinghua.edu.cn/anaconda/pkgs/main
  - https://mirrors.tuna.tsinghua.edu.cn/anaconda/pkgs/r
  - https://mirrors.tuna.tsinghua.edu.cn/anaconda/pkgs/msys2
custom_channels:
  conda-forge: https://mirrors.tuna.tsinghua.edu.cn/anaconda/cloud
  msys2: https://mirrors.tuna.tsinghua.edu.cn/anaconda/cloud
  bioconda: https://mirrors.tuna.tsinghua.edu.cn/anaconda/cloud
  menpo: https://mirrors.tuna.tsinghua.edu.cn/anaconda/cloud
  pytorch: https://mirrors.tuna.tsinghua.edu.cn/anaconda/cloud
  pytorch-lts: https://mirrors.tuna.tsinghua.edu.cn/anaconda/cloud
  simpleitk: https://mirrors.tuna.tsinghua.edu.cn/anaconda/cloud
```

（3）将 book.yaml 文件复制到系统 C 盘的根目录下，文件可以在"人工智能代码与数据\第五章"中找到。

（4）启动 Anconda Prompt，执行命令 conda clean -i，清除索引缓存。

（5）切换到 C 盘根目录，执行命令 conda env create -f book.yaml，系统会自动创建虚拟环境 book。

（6）单击"开始"菜单栏，选择"Anaconda3"文件夹中的"Spyder(book)"选项，单击打开程序，在程序中运行本章代码。

## 1. 加载 Keras 中的 MNIST 数据集

训练集由 train_images 和 train_labels 组成，神经网络将基于这些数据中进行学习。测试集由 test_images 和 test_labels 组成。train_images 和 test_images 为 Numpy 数组，存储了手写数字的图像，train_labels 和 test_labels 为数字数组，表示图像识别结果的标签，取值范围为 0～9，图像和标签一一对应。示例代码如下：

```
from keras.datasets import mnist
(train_images, train_labels), (test_images, test_labels) = mnist.load_data()
```

## 2．网络架构

下面的代码中我们构建了一个网络，包含 2 个 Dense 层。Dense 层是全连接的神经层。第二层是一个 10 路的 Softmax 层，它将输出一个由 10 个概率值（总和为 1）组成的数组，每个概率值表示当前数字图像分别属于 10 个数字类别的概率。示例代码如下：

```python
from keras import models
from keras import layers
network = models.Sequential()
network.add(layers.Dense(512,activation='relu',
                        input_shape=(28 * 28,)))
network.add(layers.Dense(10,activation='softmax'))
```

## 3．编译步骤

示例代码如下：

```python
network.compile(optimizer='rmsprop',
                loss='categorical_crossentropy',
                metrics=['accuracy'])
```

以上代码对神经网络进行编译，包含三个参数。

（1）损失函数（loss function）：网络如何衡量在训练数据上的性能，即网络如何朝着正确的方向前进。

（2）优化器（optimizer）：基于训练数据和损失函数来更新网络的机制。

（3）在训练和测试过程中需要监控的指标（metrics）：本程序只关心精度，即正确分类的图像所占的比例。

## 4．准备图像数据和标签

在开始训练网络之前，需要对数据进行预处理，改变为网络要求的格式，并将图像的像素值缩放到[0, 1]区间。第 6～7 行代码对标签进行分类编码。

```python
train_images = train_images.reshape((60000, 28 * 28))
train_images = train_images.astype('float32') / 255
test_images = test_images.reshape((10000, 28 * 28))
```

```
test_images = test_images.astype('float32') / 255
from keras.utils import to_categorical
train_labels = to_categorical(train_labels)
test_labels = to_categorical(test_labels)
network.fit(train_images, train_labels, epochs=5,
            batch_size= 128)
test_loss, test_acc = network.evaluate(test_images, test_labels)
print('test_acc:', test_acc)
```

通过调用 Keras 中网络的 fit 方法可以进行网络训练,总共进行 5 轮训练,输出结果如下:

```
Epoch 1/5
469/469 [==============================] - 2s 5ms/step - loss: 0.2561 - accuracy: 0.9261
Epoch 2/5
469/469 [==============================] - 2s 5ms/step - loss: 0.1038 - accuracy: 0.9688
Epoch 3/5
469/469 [==============================] - 2s 4ms/step - loss: 0.0684 - accuracy: 0.9796
Epoch 4/5
469/469 [==============================] - 2s 5ms/step - loss: 0.0497 - accuracy: 0.9850
Epoch 5/5
469/469 [==============================] - 2s 4ms/step - loss: 0.0369 - accuracy: 0.9886
313/313 [==============================] - 0s 963us/step - loss: 0.0712 - accuracy: 0.9795
test_acc: 0.9794999957084656
```

训练过程中显示的 loss 表示网络在训练数据中的损失,acc 表示网络在训练数据中的精度。训练完成后,就可以评估网络在测试集上的性能,通过结果可以看出,网络在测试集的精度 test_acc 约为 97.9%,我们还可以调用网络的函数 predict() 测试自己的手写数字。

## 5.2 卷积神经网络

### 算法基础

理论上说，神经网络的容量越大、参数越多，它就具有更加强大的学习能力。典型的深度学习模型就是很深的神经网络，拥有非常多的隐藏层，相应的神经元连接权重、阈值等参数就会更多。随着大数据时代的来临，以及图形处理器（Graphics Processing Unit，GPU）带来的计算能力提升，人们解决了以往深度神经网络难以训练的问题，深度学习模型取得了飞速的发展。本节主要介绍目前最为流行的神经网络之一——卷积神经网络（Convolutional Neural Networks，CNN），它在计算机视觉任务上，例如，图像分类、人脸识别、物体识别、图像分割等方面取得了巨大的成功。

卷积神经网络是由卷积层、池化层和全连接层堆叠而成的前馈神经网络，可以使用反向传播算法进行训练。卷积神经网络具有三个结构特征：局部连接，权值共享和汇聚。这些特性使得卷积神经网络具有一定程度上的平移、缩放和旋转不变性。与其他前馈神经网络相比，卷积神经网络需要的参数较少。

### 5.2.1 卷积层

卷积是一种合并两组信息的数学运算，常常用于信号处理。在图像处理中，卷积通常被视为特征提取的有效方法。图像与卷积核（也称为滤波器）进行卷积运算后得到的结果称为特征映射。如图 5-6 所示，展示了一种可以提取边缘特征的滤波器及其相应的特征映射。

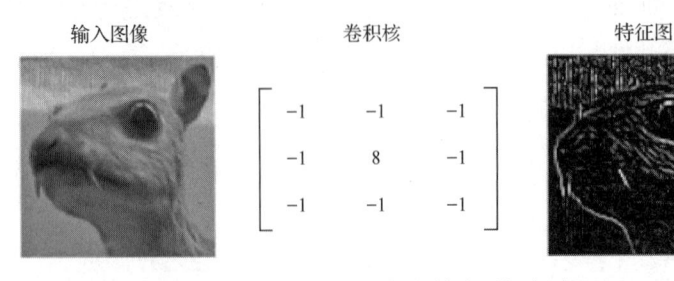

图 5-6 可以提取边缘特征的滤波器

卷积神经网络最重要的组成部分是卷积层,它可以完成大部分繁重的计算工作。卷积层(Convolution Layer)的作用是提取局部区域的特征,不同的卷积核心相当于不同的特征提取器。相对应的,全连接层从输入特征空间中学到的是全局模式。第一卷积层中的神经元不是连接到输入图像中的每一个像素,而是仅仅连接到它们的局部感受野(图像中的某个区域)中的像素,如图 5-7 所示。同样,第二卷积层中的每个神经元只与位于第一层中的小矩形内的神经元连接,构成一个局部连接网络。这种层次架构允许网络较低层学习低级特征(如边缘),较高层学习高级特征,如图 5-8 所示。另外,卷积的使用还允许权值共享,当采用一个卷积核对输入图像进行卷积运算时,图像的不同部分可以共享卷积核的权重,从而大大减少网络的参数数量。图 5-7 中同线型的连接权重是相同的。

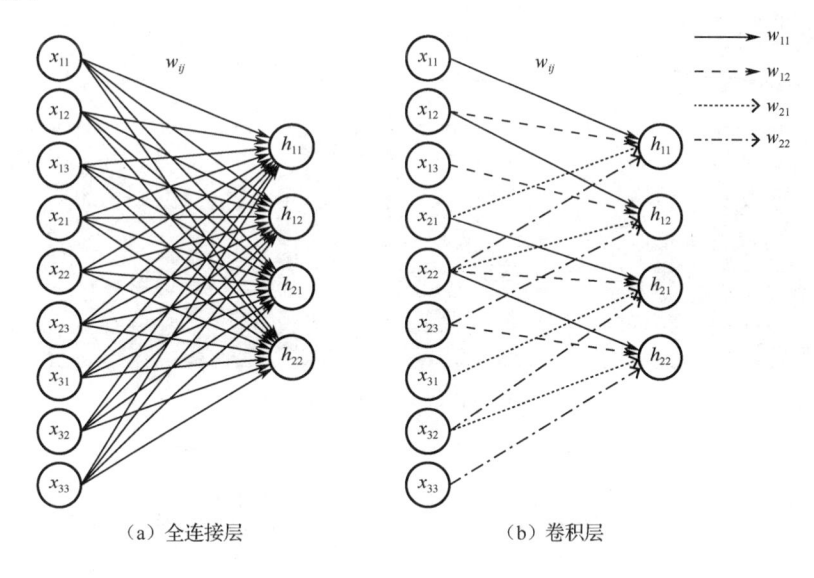

图 5-7 局部感受野与权值共享

## 5.2.2 池化层

除了卷积层,卷积神经网络还包含池化层(Pooling Layer)。池化层通常放置在卷积层之后,作用是进行特征选择,简化从卷积层输出的信息。池化层中的每个神经元连接到前一层中有限数量的神经元的输出。但池化层的神经元没有权重,它们只是使用聚合函数(如最大值或平均值)来聚合输入。图 5-9 显示了最常见的最大池化层，每个特征映射被划分为 2×2 大小的不重叠区域，只有区域中的最大值进入下一层，其余的将被丢弃。

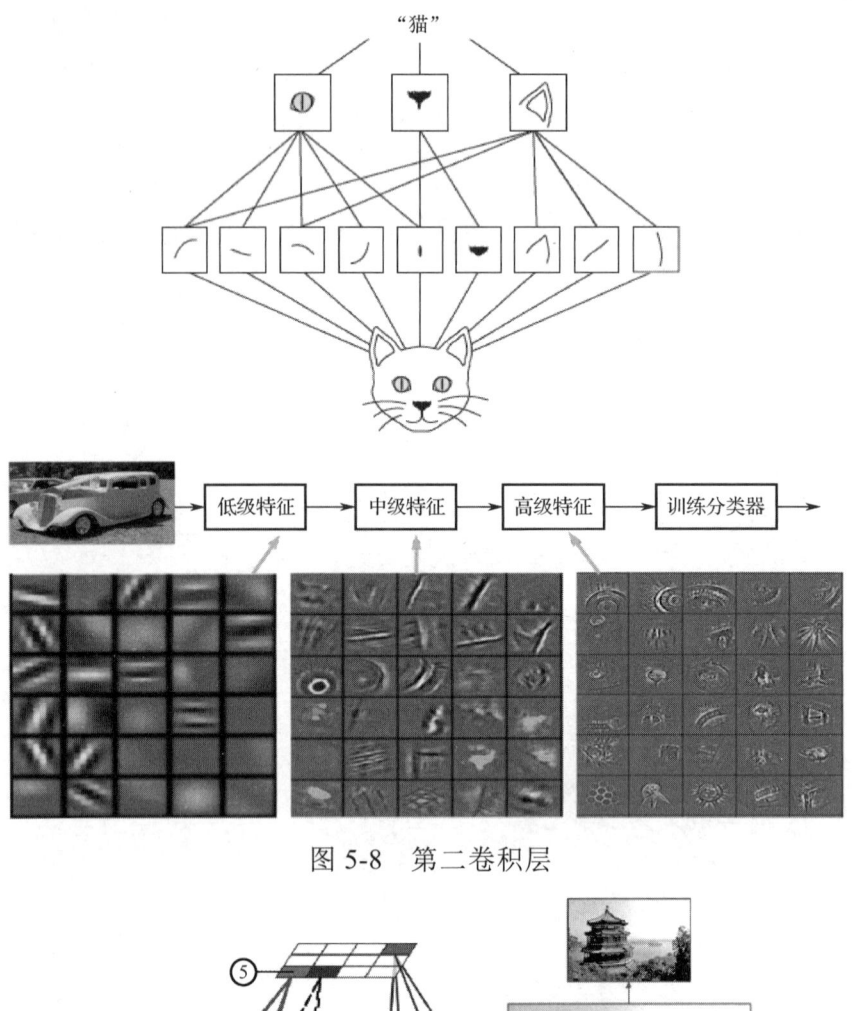

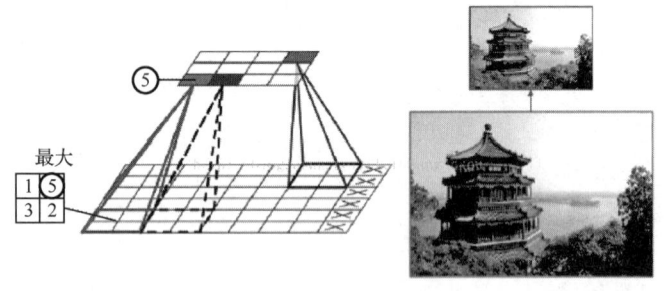

图 5-8　第二卷积层

图 5-9　最大池化层

## 5.2.3　典型的卷积网络结构

图 5-10 所示，典型的卷积神经网络架构包含一些卷积层，并都采用 ReLU()

作为激活函数，卷积层后面是池化层，卷积层+池化层的组合可以在隐藏层出现很多次，最常见的卷积神经网络是若干卷积层+池化层的组合，最后是几个全连接层组成的常规前馈神经网络，输出层采用激活函数 Softmax() 进行图像识别的分类。

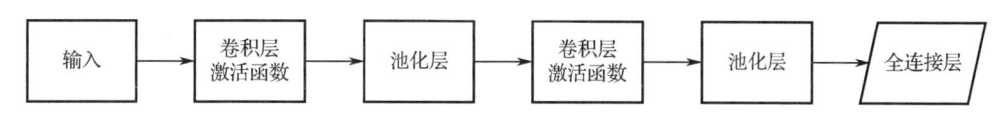

输入 → 卷积层激活函数 → 池化层 → 卷积层激活函数 → 池化层 → 全连接层

图 5-10 典型的卷积神经网络架构

在此基础上，近年来各种卷积神经网络架构陆续被开发出来，比较出名的有 AlexNet、GoogleNet、ResNet、Inception 等，使得计算机视觉领域取得了巨大进步。目前，整个网络架构的发展趋势是使用更小的卷积核（如 3×3）以及更深的结构（如层数大于 100）。

## 案例分析

计算机视觉是深度学习领域最热门的研究领域之一，图像分类是现今计算机视觉处理中最为常见的任务。当我们面对一张图片的时候，最基础的任务就是图像分类，要判断这张图片是什么，是风景还是人物，是建筑物还是食物。图像分类最重要的是提取图像里目标对象的特征，例如，人脸特征、猫的眼睛或耳朵等，这些特征能将目标物体与其他物体区分开。图像分类一般以分类的正确率为指标。例如，猫狗分类，100 张中 99 张分类正确，那么正确率就是 99%。

传统的图像分类方法包含两个步骤：特征提取和训练分类器。在特征提取阶段，工程师会尝试使用各种通用特征或者自己设计的特征对图像进行特征提取。当经过权衡选定特征后，可以使用传统的机器学习方法训练一个分类器并用作图像分类。设计合适的特征往往需要很长的时间，所以使用传统方法完成计算机视觉任务需要付出很大的代价。

当前性能最好的图像分类方法都基于深度学习，其中卷积神经网络是最流行的神经网络模型。工程师只须将图像输入，然后告诉模型需要的结果是什么，模型便会自动学习，完成特征提取与结果映射。这样，在传统机器学习中最为费时费力的特征提取就可以由网络自动完成，并且特征提取的效果更好，分类准确率更高。事实上只要训练数据足够，神经网络很容易实现图像分类。

数据科学竞赛平台 Kaggle 有一项猫狗分类比赛，要求竞赛者编写一个算法来区分图像是猫还是狗。考虑到图像的不同背景、角度、姿势和照明等因素，用传统方法实现分类并不容易。

## 程序实现

本节我们要训练一个卷积神经网络，实现猫和狗的分类。Kaggle 提供的数据集中有 25000 张图片，图片样例如图 5-11 所示，考虑到运行速度，我们选择 4000 张图像（2000 张猫的图像，2000 张狗的图像），其中训练集 2000 张图像，验证集 1000 张，测试集 1000 张，每个分组中猫和狗的图像数量一致。如果你的机器上安装有 GPU，可以选择更多图像，提升网络的精度。

图 5-11　图片样例

已给出的 Kaggle 数据集，可以在人工智能代码与数据/第五章/data/cats_and_dogs_small 文件夹中找到，其中，文件夹 test，train，validation 分别保存了测试集、训练集、验证集。

### 1. 构建猫狗分类的卷积神经网络模型

网络总共包含 3 个卷积层，3 个最大池化层，2 个全连接层。第一个卷积层接受尺寸为 150×150 的图像输入。由于只区分猫和狗两类，所以最后一层使用激活函数 sigmoid()。示例代码如下：

```
from keras import layers
from keras import models
model = models.Sequential()
```

```
model.add(layers.Conv2D(32, (3, 3), activation='relu',
                        input_shape= (150, 150, 3)))
model.add(layers.MaxPooling2D((2, 2)))
model.add(layers.Conv2D(64, (3, 3), activation='relu'))
model.add(layers.MaxPooling2D((2, 2)))
model.add(layers.Conv2D(128, (3, 3), activation='relu'))
model.add(layers.MaxPooling2D((2, 2)))
model.add(layers.Conv2D(128, (3, 3), activation='relu'))
model.add(layers.MaxPooling2D((2, 2)))
model.add(layers.Flatten())
model.add(layers.Dense(512, activation='relu'))
model.add(layers.Dense(1, activation='sigmoid'))
```

## 2. 配置网络

在网络中使用 RMSProp 优化器，同时使用二元交叉熵作为损失函数。示例代码如下：

```
from keras import optimizers
model.compile(loss='binary_crossentropy',
              optimizer=optimizers.RMSprop(lr=1e-4),
              metrics=['acc'])
```

## 3. 读取目录中的图像

从目录中读取图像时，将像素值区间缩放到[0, 1]，将大小统一成150×150。因为配置网络时以二元交叉熵作为损失函数，使用时需要将图像设置为二进制标签。示例代码如下：

```
train_dir = "./../data/cats_and_dogs_small/train"
validation_dir = "./../data/cats_and_dogs_small/validation"
train_dir = "./../data/cats_and_dogs_small/train"
from keras.preprocessing.image import ImageDataGenerator
train_datagen = ImageDataGenerator(rescale=1./255)
test_datagen = ImageDataGenerator(rescale=1./255)
train_generator = train_datagen.flow_from_directory(
                    train_dir,
                    target_size=(150, 150),
                    batch_size=20,
                    class_mode='binary')
```

```
validation_generator = test_datagen.flow_from_directory(
                       validation_dir,
                       target_size=(150, 150),
                       batch_size=20,
                       class_mode='binary')
```

### 4. 训练网络

train_generator 和 validation_generator 参数是在步骤 3 中定义的生成器，它们不断地生成批量的输入和标签，因为第 3 步中设置 batch_size=20，所以要读取完 2000 个训练样本，需要将 steps_per_epoch 参数设置为 100，epochs 参数表示训练全部样本的轮次。validation_steps 参数指定从生成器中抽取多少个批次用于评估。示例代码如下：

```
history = model.fit_generator(
    train_generator,
    steps_per_epoch=100,
    epochs=30,
    validation_data=validation_generator,
    validation_steps=50)
```

### 5. 绘制训练过程中的精度曲线

示例代码如下：

```
import matplotlib.pyplot as plt
acc = history.history['acc']
val_acc = history.history['val_acc']
loss = history.history['loss']
val_loss = history.history['val_loss']
epochs = range(1, len(acc) + 1)
plt.plot(epochs, acc, 'bo', label='Training acc')
plt.plot(epochs, val_acc, 'b', label='Validation acc')
plt.title('Training and validation accuracy')
plt.legend()
plt.show()
```

精度曲线如图 5-12 所示，从图中可以看出，随着训练轮次增加，训练精度也不断增加，而验证精度则停留在 70% 多。这符合过拟合的特征，原因是训练

样本太少。增加训练样本数量可以有效避免尽早过拟合，从而提高验证精度。此外，在不改变样本数量的条件下采用数据增强技术，可以将验证精度提高到82%。如果某个大型数据集包含猫和狗，我们就可以使用这个已经在大型数据集中训练好的预训练网络，这样可以极大提高神经网络的训练速度。例如，本例中如果使用预训练好的 VGG16 模型，结合数据增强和网络微调技术，可以达到97%以上的高精度。

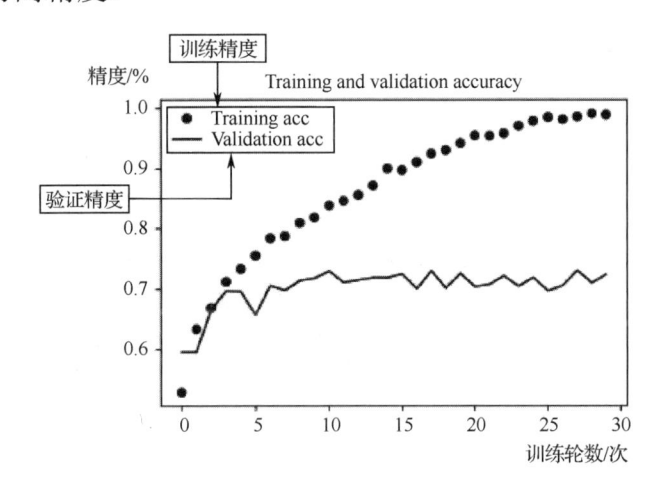

图 5-12　训练精度和验证精度

## 5.3　循环神经网络

### 算法基础

前馈神经网络和卷积神经网络都有一个特点，它们单独处理每个输入，单向传输信息，所有输入（和输出）彼此之间没有任何关系，因此神经网络也不具备记忆能力。但是，有些任务要求能够更好地处理序列的信息，神经网络的输入不仅和当前的输入相关，也和其过去一段时间的输出相关。例如，当阅读某篇文章时，是一个词一个词地阅读，同时会想起之前阅读过的词语，这能让我们更好地理解。传统的神经网络无法做到这一点，这时就需要用到深度学习领域中另一类非常重要的神经网络——循环神经网络（Recurrent Neural Network，RNN）。

循环神经网络是一种具有短期记忆能力的神经网络。在循环神经网络中，神经元不但可以接受自身的信息，也可以接受其他神经元的信息，形成具有环路的网络结构。循环神经网络常用于处理序列数据，例如，一段文字、声音或视频，甚至是图像中的一行或一列的像素。循环神经网络有着极为广泛的实际应用，例如，语言模型、文本分类、机器翻译、语音识别、图像分析、手写识别和推荐系统，等等。

## 5.3.1　循环神经网络的结构

不同于传统的前馈神经网络接受特定的输入得到输出，循环神经网络由人工神经元和一个或多个反馈循环构成，如图 5-13（a）所示为前馈神经网络的简化图，图 5-13（b）所示为循环神经网络的简化图。循环神经网络相比前馈神经网络结构多了一个循环圈，这个圈就代表着神经元的输出还会返回来作为输入的一部分。

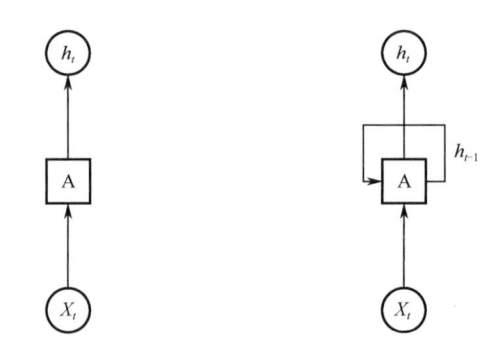

（a）前馈神经网络的简化图　　（b）循环神经网络的简化图

图 5-13　神经网络简化图

图 5-14（a）所示，展示了一个经典的循环神经网络结构，$X_t$ 为输入，A 为带有循环的隐含层，$h_t$ 为输出。$t$ 时刻主体结构 A 的输入除了来自输入层 $X_t$，还有一个循环的边来提供从 $t-1$ 时刻（即上一时刻）传递来的隐藏状态，因此结构 A 被称为循环体。如图 5-14（b）所示为一个展开的循环神经网络结构，可以看作同一个神经网络结构按照时间序列重复使用。循环神经网络的这种结构使得它成为解决序列相关问题的利器。

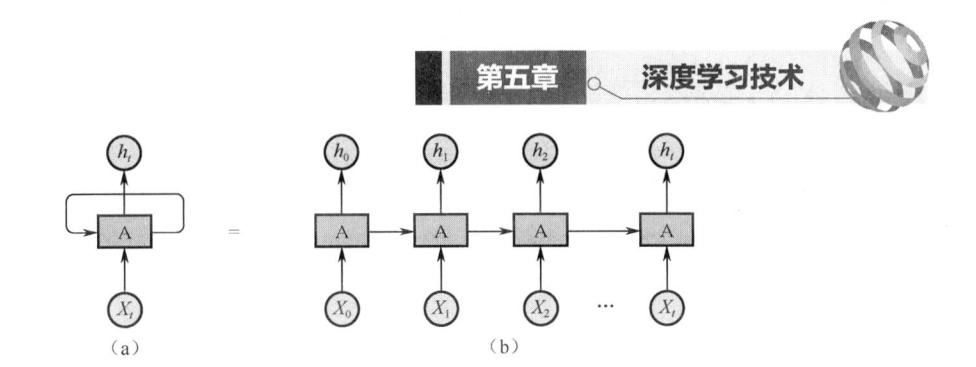

图 5-14　循环神经网络结构

## 5.3.2　基础循环神经网络的局限

图 5-14 显示的是单向的基础循环神经网络，单向 RNN 在 $t$ 时刻时，无法使用 $t+1$ 及之后时刻的序列信息。然而在某些任务中，例如，翻译问题需要联系上下文内容才能正确翻译。单向线性结构能"联系上文"，却无法"联系下文"。

RNN 隐藏节点以循环结构形成记忆，这种结构使得 RNN 可以保存、记住和处理短期过去的复杂信号。有些时候，我们仅需利用最近的信息来处理当前任务。例如，我们想预测"云朵漂浮在(　)"中的最后一个词，我们不需要太远的上下文信息，很容易得出这个词应该是"天空"。在这种情况下，要预测的位置与相关信息之间的间隔很小，RNN 可以有效地利用过去的信息预测当前信息。

但也存在很多场合需要更久远的上下文信息，假设需要预测的文本为"我在法国长大……我会说流利的法语(　)"中括号的词语。较近的上下文信息表明待预测的词语应该是一种语言，但如果想确定具体语言的名称则需要更远位置的背景信息——在法国长大。理论上，循环神经网络可以支持任意长度的序列，但在实践中如果序列过长会导致优化时出现梯度消失或爆炸的问题。这就是 RNN 的长期依赖问题，随着间隔的增大，RNN 会丧失学习到较远位置信息的能力。

## 5.3.3　长短期记忆网络

长短期记忆（Long Short-Term Memory，LSTM）网络是一种特殊的循环神经网络，可以有效地解决简单循环神经网络的梯度消失或爆炸的问题，因此

LSTM 能够在更长的序列中有更好的表现。LSTM 在许多问题上的处理效果都非常好，现在被广泛使用。

LSTM 和 RNN 的主要区别在于 LSTM 在算法中加入一个判断信息的"门"，这些门包括"遗忘门""输入门""输出门"。门是一种选择性让信息通过的方法。它们由一个 Sigmoid 神经网络层和一个元素级相乘操作组成。"遗忘门"的作用是让循环神经网络"忘记"之前没用的信息。"输入门"确定信息进入当前时刻的状态。通过"遗忘门"和"输入门"，LSTM 结构可以很有效地确定哪些信息应该被遗忘，哪些信息应该保留。LSTM 在得到当前时刻状态后，需要产生当前时刻的输出，该过程通过"输出门"完成。

## 5.3.4 门控循环单元网络

门控循环单元（Gated Recurrent Unit，GRU）网络是一种比 LSTM 网络更简单的循环神经网络。GRU 包含两个门：一个是将 LSTM 中的遗忘门和输入门合二为一的"更新门"，另一个是"重置门"。重置门决定了如何将新的输入信息与前面的记忆相结合。GRU 模型所需参数比标准的 LSTM 少，也是目前比较流行的循环神经网络结构。

## 案例分析

循环神经网络是一类擅长处理序列数据的神经网络，本节采用循环神经网络预测天气温度，该模型将近期的一些数据作为输入，并预测未来 24h 的天气温度。数据集采用了德国耶拿的马克思·普朗克生物地球化学研究所的气象站记录。该数据集包含过去十几年内每十分钟记录十四种不同量（例如，空气温度、大气压力、湿度、风向等）的数据。本例我们选择 2009 年至 2016 年的数据，总共包含 420 551 条数据，每条数据记录了日期和包含温度在内的 14 个天气值，其中第一列是时间，第二列是气压，第三列是温度。该数据集可在人工智能代码与数据\第五章\data 中找到，是一个 Excel 文件。

这些数据中温度随时间的变化情况如图 5-15 所示，可以很清楚地看到温度每年呈周期性变化。每 10min 记录一条数据，因此每天有 144 条数据，我们观察前 20 天温度数据的变化情况，如图 5-16 所示，同样可以看到每天也有周期性变化，特别是图像的后半部分。

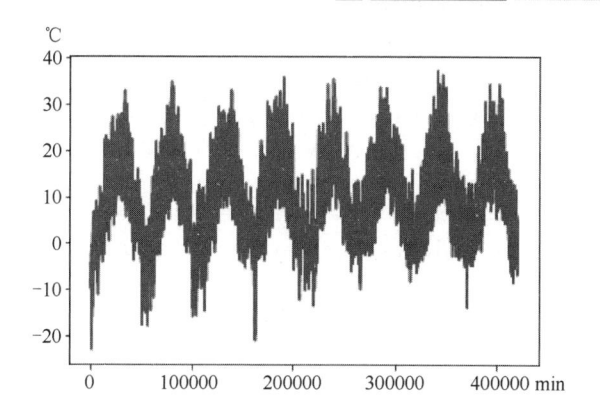

图 5-15　温度按年度的周期性变化图

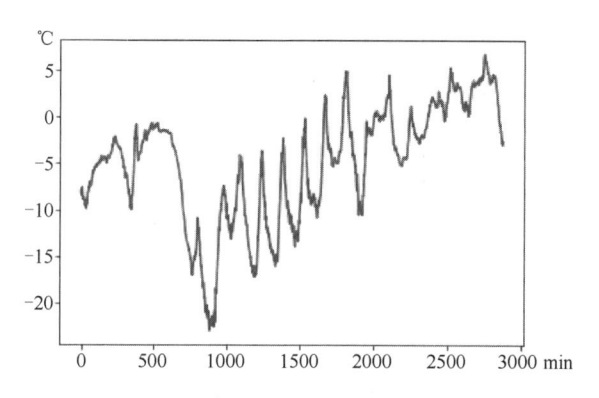

图 5-16　温度按天的周期性变化图

## 程序实现

本节将采用 Keras 实现一个循环神经网络，预测未来 24h 后的天气温度。在实现过程中，会使用许多处理时间序列问题的常见方法，以及如何降低过拟合的技巧。在学习前建议在计算机上安装图形处理器，否则本次实验的运行时间会过长。

### 1. 读取天气数据

示例代码如下：

```
import os
data_dir =r "./..data"
fname = os.path.join(data_dir, 'jena_climate_2009_2016.csv')
f = open(fname)
data = f.read()
```

```
f.close()
lines = data.split('\n')
header = lines[0].split(',')   #第一行的列名
lines = lines[1:]
import numpy as np
float_data = np.zeros((len(lines), len(header) - 1))
for i, line in enumerate(lines):
    values = [float(x) for x in line.split(',')[1:]]
    float_data[i, :] = values   #天气数据保存在这里
```

## 2. 数据标准化

数据集中包含的14项天气数据具有不同的量纲和数量级，为了保证结果的可靠性，需要对原始指标数据进行标准化处理。处理方法是对每条数据减去其平均值，再除以其标准差。示例代码如下：

```
mean = float_data[:200000].mean(axis=0)
float_data -= mean
std = float_data[:200000].std(axis=0)
float_data /= std
```

## 3. 创建序列样本及其目标的生成器

生成器函数会在后面的代码中被调用。示例代码如下：

```
'''
生成器会生成一个元组(samples, targets)，samples是输入数据的一个批量，targets则是对应的目标温度。
    data：标准化过的天气数据
    lookback：过去多少个时间步用于预测目标
    delay：预测多少个时间步之后的目标
    min_index和max_index：从data数据中划分训练、验证和测试集索引
    shuffle：是否打乱样本
    batch_size：每个批量的样本数
    step：数据采样周期。每小时内的天气温度变化不大，所以每小时抽取一个数据点，而不是默认的每10min一个点。
'''
def generator(data, lookback, delay, min_index, max_index,
              shuffle=False, batch_size=128, step=6):
    if max_index is None:
```

```
        max_index = len(data) - delay - 1
    i = min_index + lookback
    while 1:
        if shuffle:
            rows = np.random.randint(min_index + lookback,
                             max_index, size=batch_size)
        else:
            if i + batch_size>= max_index:
                i = min_index + lookback
            rows = np.arange(i, min(i + batch_size, max_index))
            i += len(rows)

        samples = np.zeros((len(rows),
                   lookback // step,
                   data.shape[-1]))
        targets = np.zeros((len(rows),))
        for j, row in enumerate(rows):
            indices = range(rows[j] - lookback, rows[j], step)
            samples[j] = data[indices]
            targets[j] = data[rows[j] + delay][1]
        yield samples, targets
```

### 4．验证和测试数据

通过调用前面的生成器，分别生成训练、验证和测试数据。其中前 200 000 条记录用于训练，之后的 100 000 条记录用于验证，其余数据则用于测试。示例代码如下：

```
lookback = 1440
step = 6
delay = 144
batch_size = 128
train_gen = generator(float_data,
                lookback=lookback,
                delay=delay,
                min_index=0,
                max_index=200000,
                shuffle=True,
                step=step,
                batch_size=batch_size)
```

```
val_gen = generator(float_data,
                    lookback=lookback,
                    delay=delay,
                    min_index=200001,
                    max_index=300000,
                    step=step,
                    batch_size=batch_size)
test_gen = generator(float_data,
                     lookback=lookback,
                     delay=delay,
                     min_index=300001,
                     max_index=None,
                     step=step,
                     batch_size=batch_size)
val_steps = (300000 - 200001 - lookback) // batch_size
test_steps = (len(float_data) - 300001 - lookback) // batch_size
```

## 5. 创建带有 dropout 功能的 GRU 网络模型

示例代码如下：

```
from keras.models import Sequential
from keras import layers
from keras.optimizers import RMSprop
model = Sequential()
model.add(layers.GRU(64,
                     dropout=0.2,
                     recurrent_dropout=0.2,
                     input_shape=(None, float_data.shape[-1])))
model.add(layers.Dense(1))

model.compile(optimizer=RMSprop(), loss='mae')
history = model.fit_generator(train_gen,
                              steps_per_epoch=500,
                              epochs=20,
                              validation_data=val_gen,
                              validation_steps=val_steps)


import matplotlib.pyplot as plt
from matplotlib.ticker import MultipleLocator, FormatStrFormatter
loss = history.history['loss']
```

```
val_loss = history.history['val_loss']
epochs = range(len(loss))
plt.figure()
plt.plot(epochs, loss, 'bo', label='Training loss')
plt.plot(epochs, val_loss, 'b', label='Validation loss')
plt.title('Training and Validation loss')
x_major_locator=MultipleLocator(2)
ax=plt.gca()
ax.xaxis.set_major_locator(x_major_locator)
plt.legend()
plt.show()
```

## 6．性能改进方法

在 GRU 循环层中加入 dropout 和 recurrent_dropout，可以有效地降低过拟合，但使用 dropout 网络需要更长的训练时间才能完全收敛，图 5-17 显示了 GRU 网络在天气预测问题上的训练损失（即预测值与正确值之间的误差）和验证损失，可以看到在第 6 轮没有出现过拟合，预测值与正确值之间的误差为 0.269。为了提高天气温度预测的精确度，还可以通过以下方法改进网络的性能。

（1）提升网络容量，例如，增加每层的单元数或增加循环层数。

（2）调整优化器的学习效率。

（3）使用 LSTM 层代替 GRU 层。

目前并没有明确的策略确定超参数，需要根据自身经验，不断迭代，进行更多地尝试和评估，最终找到解决问题的最优方法。

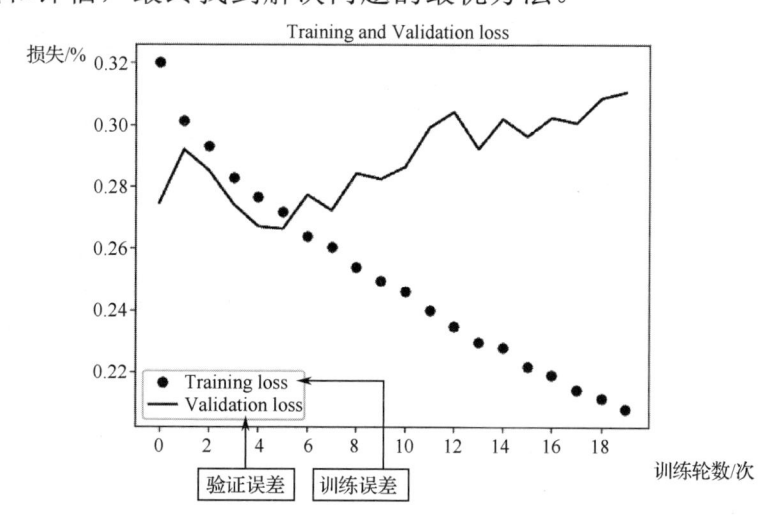

图 5-17 GRU 训练和验证损失

## 5.4 小结

本章我们学习了前馈神经网络、卷积神经网络和循环神经网络。在前馈神经网络中，我们了解了神经元、权重、层和激励函数等概念，利用 keras 库的 Dense 层实现了识别手写数字的神经网络，识别准确率可以达到 97.8%。卷积神经网络是深度学习中极具代表的网络结构之一，通过设置卷积层和池化层，实现局部连接和权值共享，从而在图像和语音识别领域取得了重大突破。循环神经网络能更好地处理时间序列数据，LSTM 和 GRU 能有效解决梯度消失和长期依赖问题，在语音识别、机器翻译和文本生成等领域获得广泛应用。

深度学习的模型除了本章提到的卷积神经网络和循环神经网络之外，目前常用的还有生成对抗网络（GAN）、自动编码器（Autoencoder）、深度置信网络（DBN）和受限玻尔兹曼机（RBM）。随着深度学习研究的深入，针对解决特定问题，更灵活的组合方式、更多的网络模型将被研发出来。

虽然深度学习在许多领域取得了突破性进展，但它并不是万能的，仍然存在一些问题。例如，训练时间过长，需要耗费大量计算资源；依赖大规模带标签数据，而人工标注数据耗时耗力，代价高昂；深度学习有太多的超参数，包括网络结构的选择，网络层数、神经元数量和优化器算法的选择等都需要花费很多时间进行调整；深度学习模型的可解释性差，模型复杂，是典型的黑箱算法；无法同时处理多项任务，只能针对某一特定任务用特定数据集训练模型，无法实现通用人工智能。如何攻克这些问题将是科学家和工程师们下一步研究的重点。

# 参 考 文 献

[1] 冯志伟. 机器翻译研究[M]. 北京：中国对外翻译出版公司，2004.

[2] 尼克. 人工智能简史[M]. 北京：人民邮电出版社，2017.

[3] 姜惠兰,孙雅明. 异联想记忆 Hopfield 神经网络的模型、算法及性能[J]. 系统工程理论与实践，2005，25(5)：101-107.

[4] 季秀怡. 浅析人工智能中的图像识别技术[J].电脑知识与技术，2016，12(14)：147-148.

[5] 卢宏涛，张秦川. 深度卷积神经网络在计算机视觉中的应用研究综述[J]. 数据采集与处理，2016，31(1)：1-17.

# 使 用 说 明

本书的第三章、第四章和第五章的代码与数据，可扫描下方左边的"人工智能代码与数据"二维码，下载压缩包并解压。需要参考时按照章节序号找到相应的代码或数据，在程序中打开即可。

如果您有任何问题或意见，请发送邮件到 bijunzhi@phei.com.cn 或添加"课程小助手"的微信。

人工智能代码与数据　　　　课程小助手